KLEINE TEXTE FÜR VORLESUNGEN UND ÜBUNGEN

HERAUSGEGEBEN VON HANS LIETZMANN

155

# ENGLISCHE VERFASSUNGSURKUNDEN

## DES 12. UND 13. JAHRHUNDERTS

HERAUSGEGEBEN

VON

LUDWIG RIESS

BONN

A. MARCUS & E. WEBER'S VERLAG

1926

## ABKÜRZUNGEN.

Charles Bémont, Chartes des Libertés anglaises 1100—1305. Paris 1892. In „Collection de textes" vol. 12. (Bémont Chartes)

William Blackstone, The great charter and charter of the forest, to which is prefixed the history of the charters. Oford 1759. (Blackstone)

English historical Review (E.H.R.)

Charles Gross, The Sources and Literature of English History from the earliest times to about 1485. (Gross)

Historische Zeitschrift (Hist. Ztschr.)

F. Liebermann, Die Gesetze der Angelsachsen. Bd. 1, Halle 1913. Bd. 3, Halle 1916. (Liebermann G.D.A.)

William Sharp McKechnie, Magna Carta. A Commentary on the Great Charter of King John. 2. Aufl. Glasgow 1914. (McKechnie M.C.)

William Stubbs, Select Charters and other Illustrations of English constitutional History. Oxford Clarendon Press, viele übereinstimmende Auflagen. (Stubbs Sel. Ch.)

Alexandre Teulet, Layettes du trésor des chartes. 4°. Paris 1863. (Teulet)

Richard Thomson, An historical essay on the magna charta of King John. London 1829. (Thomson Magna Carta)

Felix Liebermann, Quadripartitus, ein englisches Rechtsbuch von 1114. Halle 1892. (Quadr.)

The so-called „Unknown Charter of Liberties" p. 6. (U. Ch.)

# I. CHARTA HENRICI I. CORONATI.

(5. August 1100)[1].

Henricus Dei gratia rex Anglorum omnibus baronibus et fidelibus suis tam Francigenis quam Anglis salutem[2].

---

[1] Da von den zahlreichen Originalausfertigungen der Krönungscharter von 1100 nicht eine einzige erhalten geblieben ist, musste F. Liebermann den Text in Gesetze der Angelsachsen Bd. 1, 52 1bis 523, und Bd. 2, 293—299 mühsam aus Rechtsbüchern, Urkundensammlungen und Chronisten des 12. und 13. Jhdts. herstellen. Die älteste Abschrift findet sich in der Sammlung angelsächsischer Gesetze und anglo-normannischer Urkunden von einem unbekannten Schreiber, der zu seiner Arbeit von dem Bischof Ernulf von Rochester (1115—1124) angeregt wurde, aber nach Liebermann die Arbeit erst 1140—1150 ausgeführt hat. Sie erhielt von ihrem Herausgeber Thomas Hearne (Oxford 1720) die Bezeichnung: Textus Roffensis (Gross 2446). Auf ihr allein beruht der Text der Krönungscharter in dem berühmten Buche von William Blackstone „The great charter and charter of the forest, to which is prefixed the history of the charters" (Oxford 1759, 4⁰). Sie ist wieder abgedruckt in Stubbs, „Select Charters" (p. 100—102), obwohl dort [Benjamin Thorpe] „Ancient laws and institutes of England" (London 1840) als Quelle angegeben ist. Der Zeit nach am nächsten stehen dem Textus Roffensis die beiden Sammlungen eines unbekannten Verfassers, die von Liebermann unter den Titeln „Quadripartitus, ein englisches Rechtsbuch von 1114" (Halle 1892) und „Über das englische Rechtsbuch 'Leges Henrici'" (Halle 1901) der Rechtsgeschichte erschlossen worden sind. Doch beziehen sich ihre Wiedergaben der Krönungscharter Heinrichs I. vielmehr auf die Erneuerung vom Juli 1101 (s. unten). Im Londoner Staatsarchiv befinden sich in „Red book of the Exchequer" zwei Abschriften, die um 1230 angesetzt werden können. Die eine von ihnen geht auf den Quadripartitus zurück; die andere, von Liebermann Sc 2 benannt, enthält beachtenswerte Lesarten, die von Bémont in seinen „Chartes des libertés anglaises" (Paris 1892) p. 3—6 als Fussnoten aufgeführt werden. Aber auch diese Handschrift kommt zunächst nur für die Erneuerung der Krönungscharter im Juli 1101 in Betracht. Weitere Abschriften führt Liebermann in seinen Fussnoten und Erklärungen zu Charta Henrici I coronati (a. a. O.) auf.

Zur Wiederherstellung des Textes am wichtigsten ist die erst Anfang dieses Jhdts. in Manchester aufgefundene Handschrift Rylands (von Liebermann Rs bezeichnet). Ihre Varianten sind in unserem Abdrucke grösstenteils berücksichtigt worden. Sie stammt wahrscheinlich aus dem Jahre 1201. (E.H.R. XXVIII p. 732—745. 1913.)

[2] Die Grussformel war in den verschiedenen, an die Grafschaften und die Kathedralen zu schneller Bekanntgabe ausgefertigten Exemplaren je nach den in Betracht kommenden Persönlichkeiten variiert. Liebermann (G. d. A. I, 521 und II, 293) gibt dafür Beispiele. Im obigen Text ist die allgemeiner gehaltene Grussformel des wahrscheinlich für das Staatsarchiv in Winchester bestimmten Exemplars wiedergegeben.

1. Sciatis me Dei misericordia et communi consilio et assensu baronum regni Anglie ejusdem regni regem coronatum esse. Et quia regnum oppressum erat injustis occasionibus et exactionibus, ego, respectu Dei et amore quem erga vos omnes habeo, sanctam Dei ecclesiam imprimis liberam facio: ita quod nec vendam nec ad firmam ponam nec, mortuo archiepiscopo sive episcopo sive abbate, aliquid accipiam de dominio ecclesie vel de hominibus ejus, donec successor in eam ingrediatur. Et omnes malas consuetudines, quibus regnum Anglie injuste opprimebatur, inde aufero; quas malas consuetudines ex parte suppono.

2. Si quis baronum meorum, comitum, sive aliorum qui de me tenent, mortuus fuerit, heres suus non redimet terram suam sicut faciebat tempore fratris mei, sed legitima et justa relevatione relevabit eam. Similiter et homines baronum meorum legitima et justa relevatione relevabunt terras suas de dominis suis. (Vgl. U. Ch. 2.)

3. Et si quis baronum vel aliorum hominum meorum filiam suam nuptum tradere voluerit, sive sororem, sive neptem, sive cognatam, mecum inde loquatur. Sed neque ego aliquid de suo pro hac licentia accipiam, neque defendam ei quin eam det, excepto si eam vellet jungere inimico meo. Et si, mortuo barone vel alio homine meo, filia heres remanserit, illam dabo consilio baronum meorum cum terra sua. Et si, mortuo marito, uxor ejus remanserit et sine liberis fuerit, dotem suam et maritationem habebit; et eam non dabo marito, nisi secundum velle suum. (Vgl. U. Ch. 6 u. M. C. 7.)

4. Si vero uxor cum liberis remanserit, dotem quidem et maritationem suam habebit, dum corpus suum legitime servaverit; et eam non dabo, nisi secundum velle suum. Et terre et liberorum custos erit sive uxor sive alius propinquorum, qui justius esse debebit. Et precipio ut barones mei similiter se contineant erga filios et filias vel uxores hominum suorum.

5. Monetagium commune quod capiebatur per civitates et comitatus, quod non fuit tempore regis Eadwardi, hoc ne amodo sit, omnino defendo. Si quis captus fuerit, sive monetarius sive alius, cum falsa moneta, justicia recta inde fiat.

6. Omnia placita et omnia debita, que fratri meo debebantur, condono exceptis rectis firmis meis et exceptis illis que pacta erant pro aliorum hereditatibus, vel pro eis rebus, que justius aliis contingebant. Et si quis pro hereditate sua aliquid pepigerat, illud condono, et omnes relevationes, que pro rectis hereditatibus pacte erant.

7. Et si quis baronum vel hominum meorum infirmabitur, sicut ipse dabit vel dare disponet pecuniam suam, ita datam esse concedo. Quodsi ipse, preventus vel armis vel infirmitate, pecuniam suam non dederit nec dare disposuerit uxor sua sive liberi aut parentes aut legitimi homines ejus eam pro anima ejus dividant, sicut eis melius visum fuerit. (Vgl. U. Ch. 5.)

8. Si quis baronum vel hominum meorum forisfecerit, non dabit vadium in misericordia pecunie sue, sicut faciebat tempore patris mei vel fratris mei, sed secundum modum forisfacti ita emendabit, sicut emendasset retro a tempore patris mei, in tempore aliorum antecessorum meorum. Quodsi perfidie vel sceleris convictus fuerit, sicut justum fuerit, sic emendet. (Vgl. M. C. 20.)

9. Murdra etiam retro ab illa die, qua in regem coronatus fui, omnia condono; et ea, que amodo facta fuerint, juste emendentur secundum lagam regis Eadwardi.

10. Forestas communi consensu baronum meorum in manu mea retinui, sicut pater meus eas habuit.

11. Militibus qui per loricas terras suas deserviunt terras dominicarum carrucarum suarum quietas ab omnibus geldis et ab omni opere, proprio dono meo, concedo, ut sicut benignitas mea propensior est in eis, ita mihi fideles sint, et sicut a tam magno gravamine alleviati sunt, ita equis et armis se bene instruant, ut apti et parati sint ad servitium meum et ad defensionem regni mei.

12. Pacem firmam in toto regno meo pono et teneri amodo precipio.

13. Lagam regis Eadwardi vobis reddo cum illis emendationibus, quibus pater meus eam emendavit consilio baronum suorum.

14. Si quis aliquid de meo vel de rebus alicujus post obitum regis Willelmi, fratris mei, cepit, totum cito reddatur absque emendatione. Et si quis inde aliquid retinuerit, ille, super quem inventum fuerit, graviter michi emendabit.

Testibus[1] Mauricio Lundonie episcopo, et Gundolfo episcopo, et Willelmo electo episcopo, et Henrico comite, et Simone comite, et Waltero Giffardo comite, et Rodberto de Monfort, et Rogero Bigoto, et Henrico de Portu.

Apud Westmonasterium, quando coronatus fui. Valete!

---

[1] Dass in unserer Überlieferung die aufgeführten Zeugen nicht übereinstimmen, erklärt sich aus der auch sonst im 12. Jhdt. üblichen Gepflogenheit, wie sie 1913 R. L. Poole für Stephans Freibrief von 1136 nachgewiesen hat (E.H.R. XXVIII p. 445—448), oder aus Einfügungen späterer Abschreiber. Wir geben die Zeugenliste nach dem Textus Roffensis.

## II. ERNEUERUNG DER KRÖNUNGSCHARTER HEINRICHS I.

(Juli 1101).

(Charta, per quam Henricus, communi baronum Consilio rex coronatus, eisdem et prelatis regni Angliae plurima privilegia concedit.)[1]

[1] Der von der Krönungscharter nur wenig abweichende Text ergibt sich aus der Übereinstimmung der oben erwähnten Abschrift im Quadripartitus mit der im französischen Archiv befindlichen, von einem französischen Amtsschreiber aus dem ersten Viertel des 13. Jhdts. herrührenden Exemplar, das die in Klammern wiedergegebene Überschrift trägt und auf demselben Pergamentblatt mit entsprechender Überleitung die 12 Paragraphen gibt, die jetzt als „Unknown Charter of Liberties" bezeichnet werden und unten folgen. Vergleicht man den Abdruck bei Alexandre Teulet „Layettes de Trésor des chartes" (Paris 1863) p. 34—35 mit den Varianten, die Liebermann für die Krönungscharter vermerkt, so ist zunächst bemerkenswert, daß übereinstimmend der Paragraph 12 fehlt: „Pacem firmam in toto regno meo pono et teneri amodo precipio." Der passte wohl für den Regierungsantritt des Königs drei Tage nach dem Jagdunfall Wilhelms II., aber nicht mehr, nachdem im Jahre darauf sein älterer Bruder Robert von der Pilgerfahrt nach der Normandie zurückgekehrt war und nach seiner Landung in England mit Hilfe der mitgebrachten Truppen und der aufständischen Barone die ihm zustehende Krone erobern wollte. Merkt Liebermann am Eingang des 3. Paragraphen den Ausfall des Wortes „aliorum" an, so fehlt dieses Wort auch bei Teulet; ebenso findet sich die veränderte Wortstellung des Quadripartitus „dotem et maritationem suam" auch bei Teulet. Im Paragraph 5 findet sich die gleiche Variante „fiat" statt „sit". Im Paragraph 7 fehlt übereinstimmend das Wort „eam". Dagegen ist im Paragraph 8 das von Liebermann als überflüssig erklärte Wort „totius" beidemal hinzugefügt; ebenso nach „patris mei" die drei Worte „et fratris mei", was Liebermann für eine falsche Hinzufügung erklärt. Irrtümlich bezeichnet Liebermann die Worte „sicut benignitas mea propensior est in eis, ita mihi fideles sint" als eine Interpolation des Quadr.; sie finden sich ebenso bei Teulet. Im 14. Paragraphen lassen beide Texte „regis" weg und machen die Umstellung „fratris mei Willelmi"; auch schreiben sie „reddat" statt „reddatur". Sehr beanstandenswert findet Liebermann die Zeugenbezeichnung im Quadr.: „Testibus archiepiscopis, episcopis, comitibus, baronibus, vicecomitibus et optimatibus totius regni Anglie". Er erklärt das für eine Erfindung des Verfassers des Quadr. Aber genau so (mit Auslassung von comitibus) findet sich die Zeugenangabe bei Teulet.

Diese durchgängige Übereinstimmung kann nicht auf Zufall beruhen, sondern erklärt sich am einfachsten daraus, dass beiden Texten die Archivkopie von 1101 zugrunde gelegen hat.

Ja, sogar ein Manko in der Grussformel des von Teulet abgedruckten Textes weist darauf hin, dass diesem dieselbe Vorlage zugrunde gelegen hat, wie dem Quadr. Denn zu „fidelibus suis" macht der Quadr. den Zusatz „tam Francis quam Anglis". Das fehlt bei Teulet. Wie sollte auch ein französischer Abschreiber einen englischen König von seinen ‚französischen Getreuen' reden lassen? In der Krönungscharter steht

Henricus, Dei gratia rex Anglorum, omnibus baronibus et fidelibus suis tam Francis quam Anglis salutem.

1 bis 11 wie oben.

12 fehlt.

13 und 14 wie oben.

Testibus archiepiscopis, episcopis, baronibus, vicecomitibus et optimatibus totius regni Anglie. Apud Westmonasterium, quando coronatus fui.

## III. HAEC EST CARTA HENRICI PER QUAM BARONES QUERUNT LIBERTATES, ET HEC CONSEQUENTIA CONCEDIT REX JOHANNES[1].

(»The unknown Charter of Liberties«.)

1. Concedit rex Johannes quod non capiet hominem absque judicio, nec aliquid accipiet pro justitia, nec injustitiam faciet.

---

an der betreffenden Stelle „Francigenis", was nicht anstössig gewesen wäre. Wir müssen annehmen, dass in der gemeinsamen Vorlage des Quadr. und der im französischen Archiv befindlichen Abschrift in der Tat „Francis" gestanden hat.

Die von Liebermann (G. d. A. III 293) beanstandete Behauptung bei Matthaeus Paris, daß Heinrich I. die meisten Exemplare seiner Krönungscharte zurückgezogen habe, erklärt sich doch wohl daraus, dass während des Kampfes mit dem Prätendenten Robert 1101 diese Erneuerung erfolgte, die seitdem als die gültige Form gelten musste und daher auch 1214 in Abschrift dem König Johann nach Poitou hinübergesandt wurde, so dass sie auch für das französische Staatsarchiv (Teulet p. 34) benutzt werden konnte. In E.H.R. 1906 p. 506 macht Stevenson unter dem Titel „An inedited Charter of King Henry I." eine vermeintlich im Juni oder Juli ausgestellte, im Original erhaltene kurze Urkunde bekannt, die aber nur als ein an die Grafschafft Lincoln ergangenes Writ zu betrachten ist, das in der Grafschaftsversammlung verlesen werden sollte, um an die durch die Krönungscharter erfolgten Zugeständnisse („lagas et rectitudines") zu erinnern und dadurch Stimmung für den im Kampfe gegen seinen Bruder Robert stehenden König zu machen.

[1] Mit der Überschrift „An unkown Charter of Liberties" hat J. H. Round in der English Historical Revier Vol. VIII 1893 dieses schon 1863 von Alexandre Teulet in seinen „Layettes du Trésor des Chartes" p. 423 abgedruckte Aktenstück aus einer Abschrift, die sich unter den Record Commission Transcripts im Public Record Office befindet, herausgegeben. Er vermutete darin die Abschrift einer von König Johann 1213 den Baronen Nordenglands ausgestellten Charte. Dieser Theorie widersprachen 1894 in Vol. IX derselben Zeitschrift G. W. Prothero und Hubert Hall. Der erstere sah darin überhaupt keine Charter, sondern ein erfolgloses Angebot von Konzessionen, das König Johann 1215 den Baronen machte. Hubert Hall erklärte das Aktenstück für eine auf den Namen des bereits verstorbenen Königs Johann vermutlich zwischen

2. Et si contingat quod meus baro vel homo meus moriatur et heres suus sit in etate, terram suam debeo ei reddere per rectum relevium absque magis capiendi. (Vgl. M. C. 2.)

2. Et si ita quod heres sit infra etatem, debeo quattuor militibus de legalioribus feodi terram bajulare in custodia, et illi cum meo famulo debent mihi reddere exitus terrae sine venditione nemorum; et tunc sine redemptione hominum et sine destructione parci et vivarii, quando ille heres erit in etate, terram ei reddam quietam. (Vgl. M. C. 3 u. 4.)

4. Si femina sit heres terre, debeo eam maritare, sed consilio generis sui, ita quod non sit disparagiata. Et si una vice eam dedero, amplius eam dare non possum, sed se maritabit ad libitum suum, sed non inimicis meis. (Vgl. M. C. 6 u. 8.)

5. Si contingat quod baro aut homo meus moriatur, concedo, ut pecunia sua dividatur sicut ipse diviserit; et si preoccupatus fuerit aut armis aut infirmitate improvisa, uxor ejus aut liberi aut parentes et amici propinquiores pro ejus anima dividant. (Vgl. M. C. 26 u. 27.)

6. Et uxor ejus non abibit de hospitio infra XL. dies, et donec dotem suam decenter habuerit, et maritagium habebit. (Vgl. M. C. 7.)

---

November 1216 und März 1217 von einem französischen Schreiber für König Philipp von Frankreich fabrizierte Krönungscharte. In der ersten Auflage seines Kommentars der Magna Charta (Glasgow 1905, p. 204 f.) wollte William Sharp McKechnie darin „vielleicht" den ersten Entwurf der am 15. Juni von König Johann besiegelten Articles of the Barons sehen und als Abfassungszeit etwa den 27. April 1215 vermuten. Etwa gleichzeitig trat H. W. C. Davin in der E.H.R. Vol. XX, 719 ff. (1905) mit der Behauptung hervor, dass die „unknown Charter" überhaupt kein Aktenstück, sondern eine flüchtige Aufzeichnung eines Privatmannes über Verhandlungen sei, die zwischen der Besiegelung der Artikel der Barone und der Abfassung der Magna Charta (also 15—19 Juni 1215) noch gepflogen wurden. Dem schloß sich im wesentlichen der französische Forscher Charles Petit-Dutaillis („Studies and Notes supplementary to Stubbs' Constitutional History", translated by W. E. Rhodes, Manchester 1908) an; doch schliesst er aus dem Umständen, dass der Aufzeichner ein Agent des Königs Philipp August von Frankreich war. In der „Historischen Vierteljahrsschrift" 1910 (S. 450—458) stellte Ludwig Riess eine Hypothese auf, die zugleich die seltsame Form, die Verbindung mit der Krönungscharte Heinrichs I auf einem Blatte, das Vorhandensein der einzigen gleichzeitigen Abschrift im Trésor des Chartes zu Paris, die sensationelle Wirkung der Vorweisung dieser „Krönungscharte" und die Anklänge an die Artikel der Barone erklären soll. In seiner zweiten Auflage des Kommentars zur Magna Carta (1914) hat McKechnie (p. 174 f.) diese Lösung des Problems angenommen.

7. Adhuc hominibus meis concedo, ne eant in exercitu extra Angliam nisi in Normanniam et in Britanniam, et hoc decenter; quod si aliquis debet inde servitium decem militum, consilio baronum meorum alleviabitur.

8. Et si scutagium evenerit in terra, una marca argenti capietur de feodo militis; et si gravamen [1] exercitus contigerit, amplius caperetur consilio baronum regni.

9. Adhuc concedo, ut omnes forestas quas pater meus et frater meus et ego afforestavimus, desafforesto. (Vgl. M. C. 47 u. 53.)

10. Adhuc concedo, ut milites qui in antiquis forestis meis habebant suum nemus, habeant nemus amodo ad herbergagia sua et ad ardendum; et habeant foresterium suum; et ego tantum modo unum qui servet pecudes meas.

11. Et si aliquis hominum meorum moriatur, qui Judeis debeat, debitum non usurabit, quamdiu heres ejus sit infra etatem. (Vgl. M. C. 10.)

12. Et concedo ne homo perdat pro pecude vitam neque membrum. (Vgl. Charta de Foresta 10.)

## IV. DIE ARTIKEL DER BARONE [2].

ISTA SUNT CAPITULA, QUAE BARONES PETUNT ET DOMINUS REX CONCEDIT.

1. Post decessum antecessorum haeredes plenae aetatis habebunt haereditatem suam per antiquum relevium exprimendum in carta. (M. C. 2.)

2. Haeredes qui infra aetatem sunt et fuerint in custodia, cum ad aetatem pervenerint habebunt haereditatem suam sine relevio et fine. (M. C. 3.)

---

[1] Die von Hubert Hall vorgeschlagene Veränderung von „gravamen" in „allevamen" ist unannehmbar. Vielmehr bedeutet „gravamen exercitus" eine Notlage, wie sie durch die Schlacht bei Bouvines (27. Juli 1214) tatsächlich eingetreten war. Auch sonst ist der Text bei Teulet genauer abgedruckt als bei McKechnie „Magna Carta" [2] p. 483 f.

[2] In dem erhaltenen, untersiegelten Original der „Artikel" der Barone (jetzt im British Museum) beginnt mit jedem neuen Gegenstand eine neue Zeile. Dagegen läuft der Text aller erhaltenen Abschriften der Magna Charta (die Hauptausfertigung ist verloren) ununterbrochen bis zum Zeilenrand fort. Zur Bequemlichkeit der Benutzer sind alle modernen Abdrucke sowohl der Artikel der Barone als auch der Magna Carta in Absätze mit fortlaufenden Ziffern geteilt. Es wird deshalb durch Verweisungen in Klammern von jedem Artikel der Barone auf den entsprechenden § der M. C. und umgekehrt bei der Magna Carta auf die Artikel der Barone (A. B.) verwiesen. Schon in der Wiedergabe der „Unknown Charter" ist von dieser Verweisung Gebrauch gemacht.

3. Custos terrae haeredis capiat rationabiles exitus, consuetudines, et servitia, sine destructione et vasto hominum et rerum suarum, et si custos terrae fecerit destructionem et vastum, amittat custodiam; et custos sustentabit domos, parcos, vivaria, stagna, molendina et cetera, ad terram illam pertinentia, de exitibus terrae ejusdem; et ut haeredes ita maritentur ne disparagentur et per consilium propinquorum de consanguinitate sua. (M. C. 4, 5, 6.)

4. Ne vidua det aliquid pro dote sua, vel maritagio, post decessum mariti sui, set maneat in domo sua per xl. dies post mortem ipsius, et infra terminum illum assignetur ei dos; et maritagium statim habeat et haereditatem suam. (M. C. 7.)

5. Rex vel ballivus non saisiet terram aliquam pro debito dum catalla debitoris sufficiunt; nec plegii debitoris distringantur, dum capitalis debitor sufficit ad solutionem; si vero capitalis debitor defecerit in solutione, si plegii voluerint, habeant terras debitoris donec debitum illud persolvatur plene, nisi capitalis debitor monstrare poterit se esse inde quietum erga plegios. (M. C. 9.)

5. Rex non concedet alicui baroni quod capiat auxilium de liberis hominibus suis, nisi ad corpus suum redimendum, et ad faciendum primogenitum filium suum militem, et ad primogenitam filiam suam semel maritandam, et hoc faciet per rationabile auxilium. (M. C. 15.)

7. Ne aliquis majus servitium faciat de feodo militis quam inde debetur. (M. C. 16.)

8. Ut communia placita non sequantur curiam domini regis sed assignentur in aliquo certo loco; et ut recognitiones capiantur in eisdem comitatibus, in hunc modum; ut rex mittat duos justiciarios per quattuor vices in anno, qui cum quattuor militibus ejusdem comitatus electis per comitatum, capiant assisas de nova dissaisina, morte antecessoris, et ultima praesentatione, nec aliquis ob hoc sit summonitus nisi juratores et duae partes. (M. C. 17. 18.)

9. Ut liber homo amercietur pro parvo delicto secundum modum delicti, et pro magno delicto secundum magnitudinem delicti, salvo continemento suo; villanus etiam eodem modo amercietur, salvo waynagio suo; et mercator eodem modo, salva marcandisa, per sacramentum proborum hominum de visneto. (M. C. 20.)

10. Ut clericus amercietur de laico feodo suo secundum modum aliorum praedictorum, et non secundum beneficium ecclesiasticum. (M. C. 22.)

11. Ne aliqua villa amercietur pro pontibus faciendis ad riparias, nisi ubi de jure antiquitus esse solebant. (M. C. 23.)

12. Ut mensura vini, bladi, et latitudines pannorum et rerum aliarum, emendetur; et ita de ponderibus. (M. C. 35.)

13. Ut assisae de nova dissaisina et de morte antecessoris abbrevientur; et similiter de aliis assisis.

14. Ut nullus vicecomes intromittat se de placitis ad coronam pertinentibus sine coronatoribus; et ut comitatus et hundreda sint ad antiquas firmas absque nullo incremento, exceptis dominicis maneriis regis. (M. C. 24. 25.)

15. Si aliquis tenens de rege moriatur, licebit vicecomiti vel alii ballivo regis seisire et imbreviare catallum ipsius per visum legalium hominum, ita tamen quod nihil inde amoveatur, donec plenius sciatur si debeat aliquod liquidum debitum domino regi; et tunc debitum regis persolvatur, residuum vero relinquatur executoribus ad faciendum testamentum defuncti; et si nihil regi debetur omnia catalla cedant defuncto. (M. C. 26.)

16. Si aliquis liber homo intestatus decesserit, bona sua per manum proximorum parentum suorum et amicorum et per visum ecclesiae distribuantur. (M. C. 27.)

17. Ne viduae distringantur ad se maritandum, dum voluerint sine marito vivere; ita tamen quod securitatem facient quod non maritabunt se sine assensu regis, si de rege teneant, vel dominorum suorum de quibus tenent. (M. C. 8.)

18. Ne constabularius vel alius ballivus capiat blada vel alia catalla, nisi statim denarios inde reddat, nisi respectum habere possit de voluntate venditoris. (M. C. 28.)

19. Ne constabularius possit distringere aliquem, militem ad dandum denarios pro custodia castri, si voluerit facere custodiam illam in propria persona vel per alium probum hominem, si ipse eam facere non possit per rationabilem causam; et si rex eum duxerit in exercitum, sit quietus de custodia secundum quantitatem temporis. (M. C. 29.)

20. Ne vicecomes, vel ballivus regis, vel aliquis alius, capiat equos vel carettas alicujus liberi hominis pro cariagio faciendo, nisi ex voluntate ipsius. (M. C. 30.)

21. Ne rex vel ballivus suus capiat alienum boscum ad castra vel ad alia agenda sua, nisi per voluntatem ipsius cujus boscus ille fuerit. (M. C. 31.)

22. Ne rex teneat terram eorum qui fuerint convicti de felonia, nisi per unum annum et unum diem, sed tunc reddatur domino feodi. (M. C. 32.)

23. Ut omnes kidelli de cetero penitus deponantur de Tamisia et Medewaye et per totam Angliam. (M. C. 33.)

24. Ne breve, quod vocatur praecipe, de cetero fiat alicui de aliquo tenemento unde liber homo amittat curiam suam. (M. C. 34.)

25. Si quis fuerit disseisitus vel prolongatus per regem sine judicio de terris, libertatibus, et jure suo, statim ei restituatur; et si contentio super hoc orta fuerit, tunc inde disponatur per judicium XXV. baronum; et ut illi qui fuerint dissaisiti per patrem vel fratrem regis rectum habeant sine dilatione per judicium parium suorum in curia regis; et si rex debeat habere terminum aliorum cruce signatorum, tunc archiepiscopus et episcopi faciant inde judicium ad certum diem, appellatione remota. (M. C. 52.)

26 Ne aliquid detur pro brevi inquisitionis de vita vel membris, sed libere concedatur sine pretio et non negetur. (M. C. 36.)

27. Si aliquis tenet de rege per feodi firmam, per sokagium, vel per burgagium, et de alio per servitium militis, dominus rex non habebit custodiam militum de feodo alterius, occasione burgagii vel sokagii, nec debet habere custodiam burgagii, sokagii, vel feodi firmae; et quod liber homo non amittat militam suam occasione parvarum sergantisarum, sicuti de illis qui tenent aliquod tenementum reddendo inde cuttellos vel sagittas vel hujusmodi. (M. C. 37.)

28. Ne aliquis ballivus possit ponere aliquem ad legem simplici loquela sua sine testibus fidelibus. (M. C. 38.)

29. Ne corpus liberi hominis capiatur, nec imprisonetur, nec dissaisietur, nec utlagetur, nec exuletur, nec aliquo modo destruatur, nec rex eat vel mittat super eum vi, nisi per judicium parium suorum vel per legem terrae. (M. C. 39.)

30. Ne jus vendatur vel differatur vel vetitum sit. (M. C. 40.)

31. Quod mercatores habeant salvum ire et venire ad emendum vel vendendum, sine omnibus malis toltis per antiquas et rectas consuetudines. (M. C. 41.)

32. Ne scutagium vel auxilium ponatur in regno, nisi per commune consilium regni, nisi ad corpus regis redimendum, et primogenitum filium suum militem faciendum, et filiam suam primogenitam semel maritandam; et ad hoc fiat rationabile auxilium. Simili modo fiat de taillagiis et auxiliis de civitate

Londonarium, et de aliis civitalibus quae inde habent libertates; et ut civitas Londonarium plene habeat antiquas libertates et liberas consuetudines suas, tam per aquas, quam per terras. (M. C. 12. 13.)[1]

33. Ut liceat unicuique exire de regno et redire, salva fide domini regis, nisi tempore werrae per aliquod breve tempus propter communem utilitatem regni. (M. C. 42.)

34. Si quis mutuo aliquid acceperit a Judaeis plus vel minus, et moriatur antequam debitum illud solvatur, debitum non usurabit quamdiu haeres fuerit infra aetatem, de quocumque teneat; et si debitum illud inciderit in manum regis, rex non capiet nisi catallum quod continetur in carta. (M. C. 10.)

35. Si quis moriatur et debitum debeat Judaeis, uxor ejus habeat dotem suam; et si liberi remanserint, provideantur eis necessaria secundum tenementum; et de residuo solvatur debitum salvo servitio dominorum; simili modo fiat de aliis debitis; et ut custos terrae reddat haeredi, cum ad plenam aetatem pervenerit, terram suam instauratam secundum quod rationabiliter poterit sustinere de exitibus terrae ejusdem de carucis et wainnagiis. (M. C. 11.)

36. Si quis tenuerit de aliqua eskaeta, sicut de honore Walingefordiae, Notingeham, Bononiae, et Lankastriae, et de aliis eskaetis quae sunt in manu regis et sunt baroniae, et obierit, haeres ejus non dabit aliud relevium vel faciet regi aliud servitium quam faceret baroni; et ut rex eodem modo eam teneat quo baro eam tenuit. (M. C. 43.)

37. Ut fines facti sunt pro dotibus, maritagiis, haereditatibus, et americiamentis, injuste et contra legem terrae, omnino condonentur; vel fiat inde per judicium XXV. baronum, vel per judicium majoris partis eorundem, una cum archiepiscopo et aliis quos secum vocare voluerit, ita quod, si aliquis vel aliqui de XXV. fuerint in simili querela, amoveantur et alii loco illorum per residuos de XXV. substituantur. (M. C. 55.)

38. Quod obsides et cartae reddantur, quae liberatae fuerunt regi in securitatem. (M. C. 49.)

39. Ut illi, qui fuerint extra forestam, non veniant coram justiciariis de foresta per communes summonitiones, nisi sint

---

[1] Mary Bateson „A London Municipal Collection of the Reign of John“ (E.H.R. XVII p. 726) hat 1902 u. a. eine „List of nine articles“ herausgegeben. Sie sind z. T. durch die für London ausgestellte Charter vom 9. Mai 1215 (Stubbs Select Charters 314 f.) gewährt worden. Nicht aber Art. 3: „De omnibus tallagiis delendis nisi per communem consensum regni et civitatis“.

in placito vel plegii fuerint; et ut pravae consuetudines de forestis et de forestariis, et warenniis, et vicecomitibus, et rivariis, emendentur per XII. milites de quolibet comitatu, qui debent eligi per probos homines ejusdem comitatus. (M. C. 44.)

40. Ut rex amoveat penitus de balliva parentes et totam sequelam Gerardi de Atyes; quod de cetero balliam non habeant; scilicet Engelardum, Andream, Petrum et Gyonem de Cancellis, Gyonem de Cygoniis, Matthaeum de Martiny, et fratres ejus; et Galfridum nepotem ejus et Philippum Mark. (M. C. 50.)

41. Et ut rex amoveat alienigenas milites stipendiarios balistarios, et ruttarios, et servientes qui veniunt cum equis et armis ad nocumentum regni. (M. C. 51.)

42. Ut rex faciat justiciarios, constabularios, vicecomites, et ballivos, de talibus qui sciant legem terrae et eam bene velint observare. (M. C. 45.)

43. Ut barones qui fundaverunt abbatias, unde habent cartas regum vel antiquam tenuram, habeant custodiam earum cum vacaverint. (M. C. 46.)

44. Si rex Walenses dissaisierit vel elongaverit de terris vel libertatibus, vel de rebus aliis in Anglia vel in Wallia, eis statim sine placito reddantur; et si fuerint dissaisiti vel elongati de tenementis suis Angliae per patrem vel fratrem regis sine judicio parium suorum, rex eis sine dilatione justiciam exhibebit, eo modo quo exhibet Anglicis justiciam de tenementis suis Angliae secundum legem Angliae, et de tenementis Walliae secundum legem Walliae, et de tenementis marchiae secundum legem marchiae: idem facient Walenses regi et suis. (M. C. 56.)

45. Ut rex reddat filium Lewelini et praeterea omnes obsides de Wallia, et cartas quae ei liberatae fuerunt in securitatem pacis, (M. C. 58)

46. Ut rex faciat regi Scottorum de obsidibus reddendis, et de libertatibus suis, et jure suo, secundum formam quam facit baronibus Angliae, (M. C. 59)

nisi aliter esse debeat per cartas quas rex habet, per judicium archiepiscopi et aliorum quos secum vocare voluerit [1].

47. Et omnes forestae quae sunt aforestatae per regem tempore suo deafforestentur, et ita fiat de ripariis quae per ipsum regem sunt in defenso. (M. C. 47.)

---

[1] **Die mit Strichen auf Art. 45 und 46 bezogenen Zusätze sind offenbar später und etwas flüchtig beigeschrieben.**

48. Omnes autem istas consuetudines et libertates quas rex concessit regno tenendas quantum ad se pertinet erga suos, omnes de regno tam clerici quam laici observabunt quantum ad se pertinet erga suos. (M. C. 60.)

49. Haec[1] est forma securitatis ad observandum pacem et libertates inter regem et regnum. Barones eligent XXV. barones de regno quos voluerint, qui debent pro totis viribus suis observare, tenere et facere observari, pacem et libertates quas dominus rex eis concessit et carta sua confirmavit; ita videlicet quod si rex, vel justiciarius, vel ballivi regis, vel aliquis de ministris suis, in aliquo erga aliquem deliquerit, vel aliquem articulorum pacis aut securitatis transgressus fuerit, et delictum ostensum fuerit quattuor baronibus de praedictis XXV. baronibus, illi quattuor barones accedent ad dominum regem, vel ad justiciarium suum, si rex fuerit extra regnum, proponentes ei excessum; petent ut excessum illum sine dilatione faciat emendari; et si rex vel justiciarius ejus illud non emendaverit, si rex fuerit extra regnum, infra rationabile tempus determinandum in carta, praedicti quattuor referent causam illam ad residuos de illis XXV. baronibus, et illi XXV. cum communa totius terrae distringent et gravabunt regem modis omnibus quibus poterunt, scilicet per captionem castrorum, terrarum, possessionum, et aliis modis quibus poterunt, donec fuerit emendatum secundum arbitrium eorum, salva persona domini regis et reginae et liberorum suorum; et, cum fuerit emendatum, intendant domino regi sicut prius: et quicumque voluerit de terra jurabit se ad praedicta exsequenda pariturum mandatis praedictorum XXV. baronum, et gravaturum regem pro posse suo cum ipsis; et rex publice et libere dabit licentiam jurandi cuilibet qui jurare voluerit, et nulli umquam jurare prohibebit; omnes autem illos de terra qui sponte sua et per se noluerint jurare XXV. baronibus de distringendo et gravando regem cum eis, rex faciet jurare eosdem de mandato suo sicut praedictum est. Item si aliquis de praedictis XXV. baronibus decesserit, vel a terra recesserit, vel aliquo modo alio impeditus fuerit, quominus ista praedicta possint exsequi, qui residui fuerint de XXV. eligent alium loco ipsius pro arbitrio suo, qui simili modo erit juratus quo

---

[1] **Zwischen Art. 48 und 49 ist ein breiter Zwischenraum. Auch ist die Schrift von Art. 49 kleiner. Offenbar ist also die Sicherheitsklausel erst einige Zeit nach Herstellung der dem Könige übergebenen Reinschrift noch hinzugekommen. Das Faksimile ist im British Museum für 2 sh 6 d käuflich.**

et ceteri. In omnibus autem quae istis XXV, comittuntur exequenda, si forte ipsi XXV praesentes fuerint et inter se super re aliqui discordaverint, vel aliqua ex eis vocati nolint vel nequeant interesse, ratum habebitur et firmum quod major pars ex eis providerit vel praeceperit, ac si omnes XXV. in hoc consensissent; et praedicti XXV. jurabunt quod omnia antedicta fideliter observabunt et pro toto posse suo facient observari. Praeterea rex faciet eos securos per cartas archiepiscopi et episcoporum et magistri Pandulfi, quod nihil impetrabit a domino papa per quod aliqua istarum conventionum revocetur vel minuatur, et, si aliquid tale impetraverit, reputetur irritum et inane et nunquam eo utatur. (M. C. 61.)

## V. MAGNA CHARTA[1].

(Runnymede 15. Juni 1215.)

Johannes Dei gratia rex Angliae, dominus Hyberniae, dux Normanniae et Aquitanniae, et comes Andegaviae, archiepiscopis, episcopis, abbatibus, comitibus, baronibus, justiciariis, forestariis, vicecomitibus, praepositis, ministris et omnibus ballivis et fidelibus suis salutem. Sciatis nos intuitu Dei et pro salute animae nostrae et omnium antecessorum et haeredum nostrorum, ad honorem Dei et exaltationem sanctae ecclesiae, et emendationem regni nostri, per consilium venerabilium patrum nostrorum, Stephani Cantuariensis archiepiscopi totius Angliae primatis et sanctae Romanae ecclesiae cardinalis,

[1] Über die noch erhaltenen vier Originalausfertigungen der Magna Charta gibt William Sharp McKechnie „Magna Carta, a commentary on the great Charter of King John" (2. Aufl. Glasgow 1914, p. 165—170) nähere Mitteilungen. Im British Museum befinden sich davon zwei: Cotton Charters XIII 31a, durch das Feuer von 1731 hart mitgenommen, und das sehr gut erhaltene Exemplar Cotton Augustus II 106, von dem ein Faksimile für 2 sh 6 d im British Museum erhältlich ist. Eine besonders sorgfältig ausgeführte originale Ausfertigung befindet sich in der Kathedrale von Lincoln; sie ist von der Recordkommission in ihrer Ausgabe der Statutes of the Realm (1810) und der Neuausgabe von Rymers Foedera (1816) durch den Graveur James Basire faksimiliert worden. Die von Blackstone 1759 vergeblich gesuchte Ausfertigung in der Kathedrale von Salisbury ist erst zwischen 1806 und 1814 wiedergefunden worden und jetzt öffentlicher Besichtigung zugänglich. Die in den Kathedralen von Lincoln und Salisbury niedergelegten Exemplare zeichnen sich durch sorgfältigere Herstellung aus. [Nähere Angaben über den handschriftlichen Befund in Richard Thomson „Historical Essay on the Magna Charta of King John" (London 1829, p. 423—430).] Die genaue Übereinstimmung aller Abschriften beweist die Sorgfalt, mit der sie einst hergestellt wurden. Die Namen der 25 gewählten Barone, die Stubbs Select Charters p. 306 aus Matthaeus Paris übernimmt, finden sich als späterer Zusatz auch in der Abschrift British Museum Harleian Ms. 746.

Henrici Dublinensis archiepiscopi, Willelmi Londoniensis, Petri Wintoniensis, Joscelini Bathoniensis et Glastoniensis, Hugonis Lincolniensis, Walteri Wygornensis, Willelmi Coventrensis, et Benedicti Roffensis episcoporum; magistri Pandulfi domini papae subdiaconi et familiaris, fratris Aymerici magistri militae templi in Anglia; et nobilium virorum Willelmi Mariscalli comitis Penbrociae, Willelmi comitis Saresberiae, Willelmi comitis Warenniae, Willelmi comitis Arundelliae, Alani de Galweya constabularii Scottiae, Warini filii Geroldi, Petri filii Hereberti, Huberti de Burgo senescalli Pictaviae, Hugonis de Nevilla, Mathei filii Hereberti, Thomae Basset, Alani Basset, Philippi de Albiniaco, Roberti de Roppelay, Johannis Mariscalli, Johannis filii Hugonis et aliorum fidelium nostrorum;

1. In primis concessisse Deo et hac praesenti carta nostra confirmasse, pro nobis et haeredibus nostris in perpetuum, quod Anglicana ecclesia libera sit, et habeat jura sua integra, et libertates suas illaesas; et ita volumus observari; quod apparet ex eo quod libertatem electionum quae maxima et magis necessaria reputatur ecclesiae Anglicanae, mera et spontanea voluntate, ante discordiam inter nos et barones nostros motam, concessimus et carta nostra confirmavimus, et eam optinuimus a domino papa Innocentio tertio confirmari; quam et nos observabimus et ab haeredibus nostris in perpetuum bona fide volumus observari. Concessismus etiam omnibus liberis hominibus regni nostri, pro nobis et haeredibus nostris in pepetuum, omnes libertates subscriptas, habendas et tenendas, eis et haeredibus suis, de nobis et haeredibus nostris.

2. Si quis comitum vel baronum nostrorum, sive aliorum tenentium de nobis in capite per servitium militare, mortuus fuerit, et cum decesserit haeres suus plenae aetatis fuerit et relevium debeat, habeat haereditatem suam per antiquum relevium; scilicet haeres vel haeredes comitis de baronia comitis integra per centum libras; haeres vel haeredes baronis de baronia integra per centum libras; haeres vel haeredes militis de feodo militis integro per centum solidos ad plus; et qui minus debuerit minus det secundum antiquam consuetudinem feodorum. (A. B. 1.)

3. Si autem haeres alicujus talium fuerit infra aetatem et fuerit in custodia, cum ad aetatem pervenerit, habeat haereditatem suam sine relevio et sine fine. (A. B. 2.)

4. Custos terrae husjusmodi haeredis qui infra aetatem fuerit, non capiat de terra haeredis nisi rationabiles exitus, et

rationabiles consuetudines, et rationabilia servitia, et hoc sine destructione et vasto hominum vel rerum; et si nos commiserimus custodiam alicujus talis terrae vicecomiti vel alicui alii qui de exitibus illius nobis respondere debeat, et ille destructionem de custodia fecerit vel vastum, nos ab illo capiemus emendam, et terra committatur duobus legalibus et discretis hominibus de feodo illo, qui de exitibus respondeant nobis vel ei cui eos assignaverimus; et si dederimus vel vendiderimus alicui custodiam alicujus talis terrae, et ille destructionem inde fecerit vel vastum, amittat ipsam custodiam, et tradatur duobus legalibus et discretis hominibus de feodo illo qui similiter nobis respondeant sicut praedictum est. (A. B. 3.)

5. Custos autem, quamdiu custodiam terrae habuerit, sustentet domos, parcos, vivaria, stagna, molendina, et cetera ad terram illam pertinentia, de exitibus terrae ejusdem; et reddat haeredi, cum ad plenam aetatem pervenerit, terram suam totam instauratam de carrucis et wainnagiis secundum quod tempus wainnagii exiget et exitus terrae rationabiliter poterunt sustinere. (A. B. 3.)

6. Haeredes maritentur absque disparagatione, ita tamen quod, antequam contrahatur matrimonium, ostendatur propinquis de consanguinitate ipsius haeredis. (A. B. 3.)

7. Vidua post mortem mariti sui statim et sine difficultate habeat maritagium et haereditatem suam, nec aliquid det pro dote sua, vel pro maritagio suo, vel haereditate sua quam haereditatem maritus suus et ipsa tenuerint die obitus ipsius mariti, et maneat in domo mariti sui per quadraginta dies post mortem ipsius infra quos assignetur ei dos sua. (A. B. 4.)

8. Nulla vidua distringatur ad se maritandum dum voluerit vivere sine marito, ita tamen quod securitatem faciat quod se non maritabit sine assensu nostro, si de nobis tenuerit, vel sine assensu domini sui de quo tenuerit, si de alio tenuerit. (A. B. 17.)

9. Nec nos nec ballivi nostri seisiemus terram aliquam nec redditum pro debito aliquo, quamdiu catalla debitoris sufficiunt ad debitum reddendum; nec pleggii ipsius debitoris distringantur quamdiu ipse capitalis debitor defecerit in solutione debiti, non habens unde solvat, pleggii respondeant de debito; et, si voluerint, habeant terras et redditus debitoris donec sit eis satisfactum de debito quod ante pro eo solverint, nisi capitalis debitor monstraverit se esse quietum inde versus eosdem pleggios. (A. B. 5.)

10. Si quis mutuo ceperit aliquid a Judaeis, plus vel minus, et moriatur antequam debitum illum solvatur, debitum non usuret quamdiu haeres fuerit infra aetatem, de quocumque teneat; et si debitum illud inciderit in manus nostras, nos non capiemus nisi catallum contentum in carta. (A. B. 34.)

11. Et si quis moriatur, et debitum debeat Judaeis, uxor ejus habeat dotem suam, et nihil reddat de debito illo; et si liberi ipsius defuncti qui fuerint infra aetatem remanserint, provideantur eis necessaria secundum tenementum quod fuerit defuncti, et de residuo solvatur debitum, salvo servitio dominorum; simili modo fiat de debitis quae debentur aliis quam Judaeis. (A. B. 35.)

12. Nullum scutagium vel auxilium ponatur in regno nostro, nisi per commune consilium regni nostri, nisi ad corpus nostrum redimendum, et primogenitum filium nostrum militem faciendum, et ad filiam nostram primogenitam semel maritandam, et ad haec non fiat nisi rationabile auxilium: simili modo fiat de auxiliis de civitate Londonarium. (A. B. 32.)

13. Et civitas Londonarium habeat omnes antiquas libertates et liberas consuetudines suas, tam per terras, quam per aquas. Praeterea volumus et concedimus quod omnes aliae civitates, et burgi, et villae, et portus, habeant omnes libertates et liberas consuetudines suas. (A. B. 32.)

14. Et ad habendum commune consilium regni, de auxilio assidendo aliter quam in tribus casibus praedictis, vel de scutagio assidendo, summoneri faciemus archiepiscopos, episcopos, abbates, comites, et majores barones, sigillatim per litteras nostras; et praeterea faciemus summoneri in generali, per vicecomites et ballivos nostros, omnes illos qui de nobis tenent in capite; ad certum diem, scilicet ad terminum quadraginta dierum ad minus, et ad certum locum; et in omnibus litteris illius summonitionis causam summonitionis exprimemus; et sic facta summonitione negotium ad diem assignatum procedat secundum consilium illorum qui praesentes fuerint, quamvis non omnes summoniti venerint.

15. Nos non concedemus de cetero alicui quod capiat auxilium de liberis hominibus suis, nisi ad corpus suum redimendum, et ad faciendum primogenitum filium suum militem et ad primogenitam filiam suam semel maritandam, et ad haec non fiat nisi rationabile auxilium. (A. B. 6.)

16. Nullus distringatur ad faciendum majus servitium de feodo militis, nec de alio libero tenemento, quam inde debetur. (A. B. 7.)

17. Communia placita non sequantur curiam nostram sed teneantur in aliquo loco certo. (A. B. 8.)

18. Recognitiones de nova dissaisina, de morte antecessoris, et de ultima praesentatione, non capiantur nisi in suis comitatibus et hoc modo; nos, vel si extra regnum fuerimus, capitalis justiciarius noster, mittemus duos justiciarios per unumquemque comitatum per quatuor vices in anno, qui, cum quatuor militibus cujuslibet comitatus electis per comitatum, capiant in comitatu et in die et loco comitatus assisas praedictas. (A. B. 8.)

19. Et si in die comitatus assisae praedictae capi non possint, tot milites et libere tenentes remaneant de illis qui interfuerint comitatui die illo, per quos possint judicia sufficienter fieri, secundum quod negotium fuerit majus vel minus.

20. Liber homo non amercietur pro parvo delicto, nisi secundum modum delicti; et pro magno delicto amercietur secundum magnitudinem delicti, salvo contenemento suo; et mercator eodem modo salva mercandisa sua; et villanus eodem modo americetur salvo wainnagio suo, si inciderint in misericordiam nostram; et nulla praedictarum miseri cordiarum ponatur, nisi per sacramentum proborum hominum de visneto. (A. B. 9.)

21. Comites et barones non amercientur nisi per pares suos, et non nisi secundum modum delicti.

22. Nullus clericus amercietur de laico tenemento suo, nisi secundum modum aliorum praedictorum, et non secundum quantitatem beneficii sui ecclesiastici. (A. B. 10.)

23. Nec villa nec homo distringatur facere pontes ad riparias, nisi qui ab antiquo et de jure facere debent. (A. B. 11.)

24. Nullus vicecomes, constabularius, coronatores, vel alii ballivi nostri, teneant placita coronae nostrae. (A. B. 14.)

25. Omnes comitatus, hundredi, wapentakii, et trethingii, sint ad antiquas firmas absque ullo incremento, exceptis dominicis maneriis nostris. (A. B. 14.)

26. Si aliquis tenens de nobis laicum feodum moriatur, et vicecomes vel ballivus noster ostendat litteras nostras patentes de summonitione nostra de debito quod defunctus nobis debuit, liceat vicecomiti vel ballivo nostro attachiare et inbreviare catalla defuncti inventa in laico feodo, ad valentiam illius debiti, per visum legalium hominum, ita tamen quod nihil inde amoveatur, donec persolvatur nobis debitum quod clarum fuerit; et residuum relinquatur executoribus ad faciendum testamentum defuncti; et, si nihil nobis debeatur ab ipso,

omnia catalla cedant defuncto, salvis uxori ipsius et pueris rationabilibus partibus suis. (A. B. 15.)

27. Si aliquis liber homo intestatus decesserit, catalla sua per manus propinquorum parentum et amicorum suorum, per visum ecclesiae distribuantur, salvis unicuique debitis quae defunctus ei debebat. (A. B. 16.)

28. Nullus constabularius, vel alius ballivus noster, capiat blada vel alia catalla alicujus, nisi statim inde reddat denarios, aut respectum inde habere possit de voluntate venditoris. (A. B. 18.)

29. Nullus constabularius distringat aliquem militem ad dandum denarios pro custodia castri, si facere voluerit custodiam illam in propria persona sua, vel ver alium probum hominem, si ipse eam facere non possit propter rationabilem causam; et si nos duxerimus vel miserimus eum in exercitum, erit quietus de custodia, secundum quantitatem temporis quo per nos fuerit in exercitu. (A. B. 19.)

30. Nullus vicecomes, vel ballivus noster, vel aliquis alius, capiat equos vel caretas alicujus liberi hominis pro cariagio iaciendo, nisi de voluntate ipsius liberi hominis. (A. B. 20.)

31. Nec nos nec ballivi nostri capiemus alienum boscum ad castra, vel alia agenda nostra, nisi per voluntatem ipsius cujus boscus ille fuerit. (A. B. 21.)

32. Nos non tenebimus terras illorum qui convicti fuerint de felonia, nisi per unum annum et unum diem, et tunc reddantur terrae dominis feodorum, (A. B. 22.)

33. Omnes kydelli de cetero deponantur penitus dc Thamisia, et de Medewaye, et per totam Angliam, nisi per costeram maris. (A. B. 23.)

34. Breve quod vocatur Praecipe de cetero non fiat alicui de aliquo tenemento unde liber homo amittere possit curiam suam. (A. B. 24.)

35. Una mensura vini sit per totum regnum nostrum, et una mensura cervisiae, et una mensura bladi, scilicet quarterium Londoniense, et una latitudo pannorum tinctorum et russettorum et halbergettorum, scilicet duae ulnae infra listas; de ponderibus autem sit ut de mensuris. (A. B. 12.)

36. Nihil detur vel capiatur de cetero pro brevi inquisitionis de vita vel membris, sed gratis concedatur et non negetur. (A. B. 26.)

37. Si aliquis teneat de nobis per feodifirmam, vel per sokagium, vel per burgagium, et de alio terram teneat per

servitium militare, nos non habebimus custodiam haeredis nec terrae suae quae est de feodo alterius, occasione illius feodifirmae, vel burgagii; nec habebimus custodiam illius feodifirmae, vel sokagii, vel burgagii, nisi ipsa feodifirma debeat servitium militare. Nos non habebimus custodiam haeredis vel terrae alicujus, quam tenet de alio per servitium militare, occasione alicujus parvae sergenteriae quam tenet de nobis per servitium reddendi nobis cultellos, vel sagittas, vel hujusmodi. (A. B. 27.)

38. Nullus ballivus ponat de cetero aliquem ad legem simplici loquela sua, sine testibus fidelibus ad hoc inductis. (A. B. 28.)

39. Nullus liber homo capiatur, vel imprisonetur, aut disseisiatur, aut utlagetur, aut exuletur, aut aliquo modo destruatur,[1] nec super eum ibimus, nec super eum mittemus, nisi per legale judicium parium suorum vel per legem terrae. (A. B. 29.)

40. Nulli vendemus, nulli negabimus, aut differemus, rectum aut justiciam. (A. B. 30.)

41. Omnes mercatores habeant et salvum et securum exire de Anglia, et venire in Angliam, et morari et ire per Angliam, tam per terram quam per aquam, ad emendum et vendendum, sine omnibus malis toltis, per antiquas et rectas consuetudines, praeterquam in tempore gwerrae, et si sint de terra contra nos gwerrina; et si tales inveniantur in terra nostra in principio gwerrae, attachientur sine dampno corporum et rerum, donec sciatur a nobis vel capitali justiciario nostro quomodo mercatores terrae nostrae tractentur, qui tunc invenientur in terra contra nos gwerrina; et si nostri salvi sint ibi, alii salvi sint in terra nostra. (A. B. 31.)

42. Liceat unicuique de cetero exire de regno nostro, et redire, salvo et secure, per terram et per aquam, salva fide nostra, nisi tempore gwerrae per aliquod breve tempus, propter communem utilitatem regni, exceptis imprisonatis et utlagatis secundum legem regni, et gente de terra contra nos gwerrina, et mercatoribus de quibus fiat sicut praedictum est. (A. B. 33.)

43. Si quis tenuerit de aliqua eskaeta, sicut de honore Walingeford, Notingeham, Bononiae, Lainkastriae, vel de aliis eskaetis, quae sunt in manu nostra, et sunt baroniae, et obierit, haeres ejus non det aliud relevium, nec faciat nobis aliud servitium quam faceret baroni si baronia illa esset in manu baronis; et nos eodem modo eam tenebimus quo baro eam tenuit. (A. B. 36.)

44. Homines qui manent extra forestam non veniant de

cetero coram justiciariis nostris de foresta per communes summonitiones-, nisi sint in placito, vel plegii alicujus vel aliquorum, qui attachiati sint pro foresta. (A. B. 39.).

45. Nos non faciemus justiciarios, constabularios, vicecomites, vel ballivos, nisi de talibus qui sciant legem regni et eam bene velint obseware. (A. B. 42.)

46. Omnes barones qui fundaverunt abbatias, unde habent cartas regum Angliae, vel antiquam tenuram, habeant earum custodiam cum vacaverint, sicut habere debent. (A. B. 43.)

47. Omnes forestae quae aforestatae sunt tempore nostro, statim deafforestentur; et ita fiat de ripariis quae per nos tempore nostro positae sunt in defenso. (A. B. 47.)

48. Omnes malae consuetudines de forestis et warennis, et de forestariis et warennariis, vicecomitibus et eorum ministris, ripariis et earum custodibus, statim inquirantur in quolibet comitatu per duodecim milites juratos de eodem comitatu, qui debent eligi per probos homines ejusdem comitatus, et infra quadraginta dies post inquisitionem factam, penitus, ita quod numquam revocentur, deleantur, per eosdem, ita quod nos hoc sciamus prius, vel justiciarius noster, si in Anglia non fuerimus. (A. B. 39.)

49. Omnes obsides et cartas statim reddemus quae liberatae fuerunt nobis ab Anglicis in securitatem pacis vel fidelis servitii. (A. B. 38.)

50. Nos amovebimus penitus de balliis parentes Gerardi de Athyes, quod de cetero nullam habeant balliam in Anglia; Engelardum de Cygoniis, Andream, Petrum et Cyonem de Cancellis, Gyonem de Cygoniis, Galfridum de Martyni et fratres ejus, Philippum Mark et fratres ejus, et Galfridum nepotem ejus, et totam sequelam eorumdem. (A. B. 40.)

51. Et statim post pacis reformationem amovebimus de regno omnes alienigenas milites, balistarios, servientes, stipendiarios, qui venerint cum equis et armis ad nocumentum regni. (A. B. 41.)

52. Si quis fuerit disseisitus vel elongatus per nos sine legali judicio parium suorum, de terris, castellis, libertatibus, vel jure suo, statim ea ei restituemus; et si contentio super hoc orta fuerit, tunc inde fiat per judicium vigintiquinque baronum, de quibus fit mentio inferius in securitate pacis; de omnibus autem illis de quibus aliquis disseisitus fuerit vel elongatus sine legali judicio parium suorum, per Henricum regem patrem nostrum vel per Ricardum regem fratrem nostrum, quae in manu nostra habemus, vel quae allii tenent, quae nos oporteat

warantizare, respectum habebimus usque ad communem terminum crucesignatorum; exceptis illis de quibus placitum motum fuit vel inquisitio facta per praeceptum nostrum, ante susceptionem crucis nostrae; cum autem redierimus de peregrinatione nostra, vel si forte remanserimus a peregrinatione nostra, statim inde plenam justiciam exhibebimus. (A. B. 25.)

53. Eundem autem respectum habebimus, et eodem modo, de justicia exhibenda de forestis deafforestandis vel remansuris forestis, quas Henricus pater noster vel Ricardus frater noster afforestaverunt, et de custodiis terrarum quae sunt de alieno feodo, cujusmodi custodias hucusque habuimus occasione feodi quod aliquis de nobis tenuit per servitium militare, et de abbatiis quae fundatae fuerint in feodo alterius quam nostro, in quibus dominus feodi dixerit se jus habere; et cum redierimus, vel si remanserimus a peregrinatione nostra, super hiis conquerentibus plenam justiciam statim exhibebimus.

54. Nullus capiatur nec imprisonetur propter appellum foeminae de morte alterius quam viri sui.

55. Omnes fines qui injuste et contra legem terrae facti sunt nobiscum, et omnia americiamenta facta injuste et contra legem terrae, omnino condonentur, vel fiat inde per judicium viginti quinque baronum de quibus fit mentio inferius in securitate pacis, vel per judicium majoris partis eorundem, una cum praedicto Stephano Cantuariensi archiepiscopo, si interesse poterit, et aliis quos secum ad hoc vocare voluerit; et si interesse non poterit, nihilominus procedat negotium sine eo, ita quod, si aliquis vel aliqui de praedictis viginti quinque baronibus fuerint in simili querela, amoveantur quantum ad hoc judicium, et alii loco illorum per residuos de eisdem viginti quinque, tantum ad hoc faciendum electi et jurati substituantur. (A. B. 37.)

56. Si nos dissaisivimus vel elongavimus Walenses de terris vel libertatibus vel rebus aliis, sine legali judicio parium suorum, in Anglia vel in Wallia, eis statim reddantur; et si contentio super hoc orta fuerit, tunc inde fiat in marchia per judicium parium suorum, de tenementis Angliae secundum legem Angliae, de tenementis Walliae secundum legem Walliae, de tenementis marchiae secundum legem marchiae. Idem facient Walenses nobis et nostris. (A. B. 44.)

57. De omnibus autem illis de quibus aliquis Walensium dissaisitus fuerit vel elongatus sine legali judicio parium suorum, per Henricum regem patrem nostrum vel Ricardum regem fratrem nostrum, quae nos in manu nostra habemus, vel quae

alii tenent quae nos oporteat warantizare, respectum habebimus usque ad communem terminum crucesignatorum, illis exceptis de quibus placitum motum fuit vel inquisitio facta per praeceptum nostrum ante susceptionem crucis nostrae; cum autem redierimus, vel si forte remanserimus a peregrinatione nostra, statim eis inde plenam justiciam exhibebimus, secundum leges Walensium et partes praedictas.

58. Nos reddemus filium Lewelini statim, et omnes obsides de Wallia, et cartas quae nobis liberatae fuerunt in securitatem pacis. (A. B. 45.)

59. Nos faciemus Allexandro regi Scottorum de sororibus suis, et obsidibus reddendis, et libertatibus suis, et jure suo, secundum formam in qua faciemus aliis baronibus nostris Angliae, nisi aliter esse debeat per cartas quas habemus de Willelmo patre ipsius, quondam rege Scottorum; et hoc erit per judicium parium suorum in curia nostra. (A. B. 46.)

60. Omnes autem istas consuetudines praedictas et libertates quas nos concessimus in regno nostro tenendas quantum ad nos pertinet erga nostros, omnes de regno nostro, tam clerici quam laici, observent quantum ad se pertinet erga suos. (A. B. 48.)

61. Cum autem pro Deo, et ad emendationem regni nostri, et ad melius sopiendam discordiam inter nos et barones nostros ortam, haec omnia praedicta concesserimus, volentes ea integra et firma stabilitate gaudere in perpetuum, facimus et concedimus eis securitatem subscriptam; videlicet quod barones eligant viginti quinque barones de regno quos voluerint, qui debeant pro totis viribus suis observare, tenere, et facere observari, pacem et libertates quas eis concessimus, et hac praesenti carta nostra confirmavimus, ita scilicet quod, si nos, vel justiciarius noster, vel ballivi nostri, vel aliquis de ministris nostris, in aliquo erga aliquem deliquerimus, vel aliquem articulorum pacis aut securitatis transgressi fuerimus, et delictum ostensum fuerit quatuor baronibus de praedictis viginti quinque baronibus, illi quator barones accedant ad nos vel ad justiciarium nostrum, si fuerimus extra regnum, proponentes nobis excessum; petent ut excessum illum sine dilatione faciamus emendari. Et si nos excessum non emendaverimus vel, si fuerimus extra regnum, justiciarius noster non emendaverit infra tempus quadraginta dierum computandum a tempore quo monstratum fuerit nobis vel justiciario nostro si extra regnum fuerimus, praedicti quatuor barones referant causam illam ad residuos de viginti

quinque baronibus et illi viginti quinque barones cum communa totius terrae distringent et gravabunt nos modis omnibus quibus poterunt, scilicet per captionem castrorum, terrarum, possessionum, et aliis modis quibus poterunt, donec fuerit emendatum secundum arbitrium eorum, salva persona nostra et reginae nostrae et liberorum nostrorum; et cum fuerit emendatum intendent nobis sicut prius fecerunt. Et quicumque voluerit de terra juret quod ad praedicta omnia exsequenda parebit mandatis praedictorum viginti quinque baronum, et quod gravabit nos pro posse suo cum ipsis, et nos publice et libere damus licentiam jurandi cuilibet qui jurare voluerit, et nulli umquam jurare prohibebimus. Omnes autem illos de terra qui per se et sponte sua noluerint jurare viginti quinque baronibus, de distringendo et gravando nos cum eis, faciemus jurare eosdem de mandato nostro, sicut praedictum est. Et si aliquis de viginti quinque baronibus decesserit, vel a terra recesserit, vel aliquo alio modo impeditus fuerit, quo minus ista praedicta possent exsequi, qui residui fuerint de praedictis viginti quinque baronibus eligant alium loco ipsius, pro arbitrio suo, qui simili modo erit juratus quo et ceteri. In omnibus autem quae istis viginti quinque baronibus committuntur exsequenda, si forte ipsi viginti quinque praesentes fuerint, et inter se super re aliqua discordaverint, vel aliqui ex eis summoniti nolint vel nequeant interesse, ratum habeatur et firmum quod major pars eorum qui praesentes fuerint providerit, vel praeceperit, ac si omnes viginti quinque in hoc consensissent; et praedicti viginti quinque jurent quod omnia antedicta fideliter observabunt, et pro toto posse suo facient observari. Et nos nihil impetrabimus ab aliquo, per nos nec per alium, per quod aliqua istarum concessionum et libertatum revocetur vel minuatur; et, si aliquid tale impetratum fuerit, irritum sit et inane et numquam eo utemur per nos nec per alium. (A. B. 49.)[1]

62. Et omnes malas voluntates, indignationes, et rancores, ortos inter nos et homines nostros, clericos et laicos, a tem-

[1] Dieser Sicherheitsklausel entspricht in der ungarischen goldenen Bulle vom 1222 der folgende Passus des Artikels 31: „Statuimus etiam, quod si nos, vel aliquis successorum nostrorum aliquo unquam tempore huic dispositioni contraire voluerit, liberam habeant harum auctoritate, sine nota alicuius infidelitatis, tam Episcopi, quam alii Jobagiones ac Nobiles Regni nostri, universi et singuli, praesentes et futuri posterique, resistendi et contradicendi nobis et nostris successoribus in perpetuum facultatem“. (Corpus Juris Hungarici, ed. Markus 1902.)

pore discordiae, plene omnibus remisimus et condonavimus. Praeterea omnes transgressiones factas occasione ejusdem discordiae, a Pascha anno regni nostri sextodecimo usque ad pacem reformatam, plene remisimus omnibus, clericis et laicis, et quantum ad nos pertinet plene condonavimus. Et insuper fecimus eis fieri litteras testimoniales patentes domini Stephani Cantuariensis archiepiscopi, domini Henrici Dublinensis archiepiscopi, et episcoporum praedictorum, et magistri Pandulfi, super securitate ista et concessionibus praefatis

63. Quare volumus et firmiter praecipimus quod Anglicana ecclesia libera sit et quod homines in regno nostro habeant et teneant omnes praefatas libertates, jura, et concessiones, bene et in pace, libere et quiete, plene et integro, sibi et haeredibus suis, de nobis et haeredibus nostris, in omnibus rebus et locis, in perpetuum, sicut praedictum est. Juratum est autem tam ex parte nostra quam ex parte baronum, quod haec omnia supradicta bona fide et sine malo ingenio observabuntur. Testibus supradictis et multis aliis. Data per manum nostram in prato quod vocatur Runingmede, inter Windelesorum et Stanes, quinto decimo die Junii, anno regni nostri septimo decimo [1].

## VI. ZUR AUSFÜHRUNG DES ART. 48 DER MAGNA CHARTA.

### A. RUNDSCHREIBEN AN ALLE GRAFSCHAFTSBEAMTEN (19. Juni 1215).

Rex vicecomiti, forestariis, warennariis, custodibus riparìarum et omnibus baillivis suis in eodem comitatu, salutem. Sciatis pacem firmam esse reformatam per Dei gratiam inter nos et barones et liberos homines regni nostri, sicut audire poteritis et videre per cartam nostram quam inde fieri fecimus, quam etiam legi publice precepimus per totam bailliam vestram et firmiter teneri; volentes et districte precipientes quod tu vicecomes omnes de baillia tua secundum formam carte predicte jurare facias XXV. baronibus de quibus mentio fit in carta predicta, ad mandatum eorundum vel majoris partis eorum, coram ipsis vel illis quos ad hoc atornaverint per litteras suas patentes, et ad diem et locum quos ad hoc faciendum pre-

[1] **Die Fertigstellung der Magna Charta erfolgte erst am Freitag, dem 19. Juni 1215. Sie wurde aber nach dem „actum", d. h. nach der Besiegelung der Artikel der Barone datiert. (McKechnie, 2. Aufl. S. 37—41.)**

fixerint predicti barones vel atornati ab eis ad hoc. Volumus etiam et precipimus quod XII milites de comitatu tuo, qui eligentur de ipso comitatu in primo comitatu qui tenebitur post susceptionem litterarum istarum in partibus tuis, jurent de inquirendis pravis consuetudinibus tam de vicecomitibus quam eorum ministris, forestis, forestariis, warennis et warennariis, ripariis et earum custodibus, et eis delendis, sicut in ipsa carta continetur. Vos igitur omnes, sicut nos et honorem nostrum diligitis et pacem regni nostri, omnia in carta contenta inviolabiliter observetis et ab omnibus observari faciatis, ne pro defectu vestri, aut per excessum vestrum, pacem regni nostri, quod Deus avertat, iterum turbari contingat. Et tu, vicecomes, pacem nostram per totam bailliam tuam clamari facias et firmiter teneri precipias. Et in hujus, etc. vobis mittimus. Teste me ipso apud Runimede, XIX. die Junii, anno regni nostri XVII mo[1].

### B. AUS DER ERKLÄRUNG DER ERZBISCHÖFE VON CANTERBURY UND DUBLIN UND SECHS ANDERER ENGLISCHER BISCHÖFE ÜBER DIE AUSLEGUNG VON ARTIKEL 48 DER MAGNA CHIRTA.

(Rotuli Clausarum 17 Johann m. 27 d.)

Universitati vestre notum fieri volumus, quod articulus iste ita intellectus fuit ex utraque parte, quum de eo tractabatur, et expressus, quod omnes consuetudines ille remanere debent, sine quibus foreste servari non possint: et hoc presentibus litteris protestamur[2].

## VII. BULLE DES PAPSTES INNOCENZ III. ZUR ANNULLIERUNG DER MAGNA CHARTA.

(Anagni, 24. August 1215)[3]

Innocentius episcopus, servus servorum Dei. Universis Christi fidelibus hanc paginam inspecturis, salutem et apostolicam benedictionem.

---

[1] Aus dem Abdruck in der neuen Ausgabe von Rymer Foedera I 134 und Rotuli Litterarum Patentium I 134 wiedergegeben bei McKechnie Magna Carta, Appendix S. 494.

[2] Nur der Schluss des bei McKechnie S. 496 nach Rymer Foedera und Rotuli Litterarum Clausarum wiedergegebenen „Protestes" ist wiederholt.

[3] „Bullarium Romanum" III 298—300. Potthast Regesta Pontificum Nr. 4990. Wir geben den Text wieder, den Bémont in „Chartes des Libertés Anglaises" S. 41—44 nach dem gesiegelten Original (Cotton Cleopatra E 1) abgedruckt hat. Nur an wenigen Stellen sind bessere Lesarten des B. R. eingesetzt.

Etsi karissimus in Christo filius noster Johannes, rex Anglorum illustris, Deum et ecclesiam vehementer offenderit, unde nos eum excommunicationis vinculo innodavimus et regnum ejus ecclesiastico subjecimus interdicto, ipse tamen, (illo misericorditer inspirante qui non vult mortem peccatoris, sed ut convertatur et vivat) tandem conversus ad cor, Deo et ecclesie humiliter satisfecit in tantum quod non solum recompensationem pro dampnis et restitutionem exhibuit pro ablatis, verum etiam plenariam libertatem contulit ecclesie anglicane; quin immo utraque sententia relaxata regnum suum tam Anglie quam Ybernie beato Petro et ecclesie romane concessit, recipiens illud a nobis in feudum sub annuo censu mille marcarum, fidelitatis nobis inde prestito juramento, sicut per privilegium ejus apparet aurea bulla munitum [1]. Adhuc autem omnipotenti Deo amplius placere desiderans, signum vivifice crucis reverenter assumpsit, profecturus in subsidium terre sancte, ad quod se magnifice preparabat.

Sed humani generis inimicus, qui semper consuevit bonis actibus invidere suis callidis artibus, adversus eum barones Anglie concitavit ita ut ordine perverso in illum insurgerent, postquam conversus ecclesie satisfecit, qui assistebant eidem quando ecclesiam offendebat. Orta siquidem inter eos dissensionis materia, cum plures dies statuti fuissent ad tractandum de pace utrinque, interim sollempnes nuntii ad nostram fuerunt presentiam destinati, cum quibus, habito diligenti tractatu, post plenam deliberationem scripsimus per eosdem Stephano Cantabriensi archiepiscopo et episcopis anglicanis, precipiendo mandantes, ut ad reformandum inter utrosque veram et plenam concordiam diligens impenderent studium et operam efficacem, omnes conjurationes et conspirationes, si quae fuerant, forte presumpte a tempore suborte discordie inter regnum et sacerdotium, apostolica denunciantes auctoritate cassatas et per excommunicationis sententiam inhibentes, ne talia decetero presumerentur a quoquam, magnates et nobiles Anglie monendo prudenter et eis efficaciter injungendo, ut per manifesta devotionis et humilitatis inditia ipsum regem sibi placare studerent, ac deinde, si quid ab eo ducerent

[1] **Die Übergabe seines Königtums an den durch den Legaten Pandulf vertretenen Papst war bereits am 15. Mai 1213 erfolgt. Sie wurde aber durch eine Urkunde mit goldener Siegelbulle in Gegenwart des päpstlichen Legaten Nikolas, Bischofs von Tusculum, am 3. Oktober 1213 in London bekräftigt.**

Ausgelassen sind die Artikel 10, 11, 12, 14, 15, 25, 27, 42, 45, 48—53, 55, 57—59 und 61—63.

Als Artikel 42 folgt:

Quia vero quaedam capitula in priore carta continebantur, quae gravia et dubitabilia videbantur, scilicet de scutagiis et auxiliis assidendis, de debitis Judaeorum et aliorum, et de libertate exeundi de regno nostro vel redeundi in regnum, et de forestis et forestariis, warennis et warennariis, et de consuetudinibus comitatuum et de ripariis et earum custodibus, placuit supradictis et magnatibus ea esse in respectu quousque plenius consilium habuerimus, et tunc faciemus plenissime tam de hiis quam de aliis, quae occurrerint, emendanda, quae ad communem omnium utilitatem pertinuerint et pacem et statum nostrum et regni nostri. Quia vero sigillum nondum habuimus, praesentem cartam sigillis venerabilis patris nostri domini Gualonis, tituli Sancta Martini presbyteri cardinalis, apostolicae sedis legati, et Willelmi Mariscalli, comitis Penbrokiae, rectoris nostri et regni nostri fecimus sigillari [1].

## IX. ZWEITE ERNEUERUNG DER MAGNA CHARTA UNTER HEINRICH III. (1217.)

Sie stimmt im wesentlichen mit dem Wortlaut der dritten Erneuerung (1225) überein, die als die endgültige weiter unten vollständig abgedruckt wird. Eigentümlich sind ihr die letzten beiden Artikel (46 und 47):

46. Salvis archiepiscopis, episcopis, abbatibus, prioribus, Templariis, Hospitalariis, comitibus, baronibus et omnibus aliis tam ecclesiasticis personis quam saecularibus, libertatibus et liberis consuetudinibus quas prius habuerunt.

47. Statuimus etiam de communi consilio totius regni nostri quod omnia castra adulterina, videlicet ea quae a principio guerrae motae inter dominum Johannem patrem nostrum et barones suos Angliae constructa fuerint vel reaedificata, statim diruantur. Quia vero nondum habuimus sigillum hanc (cartam) sigillis domini legati praedicti et comitis Willelmi Mariscalli rectoris nostri et regni nostri fecimus sigillari.

---

[1] In der bei Stubbs, Select Charters p. 340—343 wiedergegebenen Fassung sind als Ratgeber aufgeführt: der Legat Gualo, 11 englische Bischöfe, 4 Grafen, der Justiciar Hubert de Burge, 19 Barone und andere „unsere Getreuen".

# X. CHARTA DE FORESTA.
(6. November 1217.)[1]

Henricus Dei gratia rex Angliae, dominus Hiberniae, dux Normanniae, Aquitaniae, et comes Andegaviae, archiepiscopis, abbatibus, prioribus, comitibus, baronibus, justitiariis, forestariis, vicecomitibus, praepositis, ministris, et omnibus ballivis et fidelibus suis[2], salutem. Sciatis quod intuitu Dei et pro salute animae nostrae et animarum antecessorum et successorum nostrorum, ad exaltationem Sanctae Ecclesiae et emendationem regni nostri, concessimus[3] et hac praesenti carta confirmavimus pro nobis et haeredibus nostris in perpetuum, de consilio venerabilis patris nostri Gualonis tituli sancti Martini presbiteri cardinalis et apostolicae sedis legati, domini Walteri Eboracensis archiepiscopi, Willelmi Londoniensis episcopi, et aliorum episcoporum Angliae, et Willelmi Marescalli comitis Penbrociae, rectoris nostri et regni nostri, et aliorum fidelium comitum et baronum nostrorum Angliae, has libertates subscriptas tenendas in regno nostro Angliae, in perpetuum.

1. In primis omnes forestae, quas Henricus rex avus noster afforestavit, videantur per bonos et legales homines, et, si boscum aliquem alium quam suum dominicum afforestaverit ad dampnum illius cujus boscus fuerit, deafforestentur. Et si boscum suum proprium afforestaverit, remaneat foresta, salva communa de herbagio et aliis in eadem foresta illis, qui eam prius habere consueverunt.

2. Homines qui manent extra forestam non veniant de cetero coram justitiariis nostris de foresta per communes summonitiones, nisi sint in placito, vel plegii alicujus vel aliquorum qui attachiati sunt propter forestam.

3. Omnes autem bosci qui fuerunt afforestati per regem Ricardum avunculum nostrum, vel per regem Johannem patrem

---

[1] Der Text von „Statutes of the Realm" I 20—21 ist von Bêmont in Chartes des Libertés Anglaises p. 64—70 wiedergegeben und in Fussnoten mit den Abweichungen der neuen Ausfertigung von 1226 bereichert worden. Das Inspeximus Eduards I. von 1300 ist in den Statutes of the Realm I 42 und bei Blackstone The Great Charter abgedruckt.

[2] Die Erneueruug von 1227 setzt hinzu: „Presentem cartam inspecturis".

[3] Die Erneuerung von 1225 lässt die Intervenienten fort, erweitert aber dafür die Konzessionsformel in folgender Gestalt: „Spontanea et bona voluntate nostra dedimus et concessimus archiepiscopis, episcopis, comitibus, baronibus et omnibus de regno nostro", woran sich dann schliesst „has libertates subscriptas" wie im obigen Text.

nostrum usque ad primam coronationem nostram, statim deafforestentur, nisi fuerit dominicus boscus noster.

4. Archiepiscopi, episcopi, abbates, priores, comites et barones et milites et libere tenentes, qui boscos suos habent in forestis, habeant boscos suos sicut eos habuerunt tempore primae coronationis praedicti regis Henrici avi nostri, ita quod quieti sint in perpetuum de omnibus purpresturis, vastis et assartis factis in illis boscis, post illud tempus usque ad principium secundi anni coronationis nostrae. Et qui de cetero vastum, purpresturam, vel assartum sine licentia nostra in illis fecerint, de vastis et assartis respondeant.

5. Reguardores nostri eant per forestas ad faciendum reguardum sicut fieri consuevit tempore primae coronationis praedicti regis Henrici avi nostri, et non aliter.

6. Inquisitio, vel visus de expeditatione canum existentium in foresta, de cetero fiat quando debet fieri reguardum, scilicet de tertio anno in tertium annum; et tunc fiat per visum et testimonium legalium hominum et non aliter. Et ille, cujus canis inventus fuerit tunc non expeditatus, det pro misericordia tres solidos; et de cetero nullus bos capiatur pro expeditatione. Talis autem sit expeditatio per assisam communiter quod tres ortilli abscidantur sine pelota de pede anteriori; nec expeditentur canes de cetero nisi in locis ubi consueverunt expeditari tempore primae coronationis regis Henrici avi nostri.

7. Nullus forestarius vel bedellus de cetero faciat scotale, vel colligat garbas vel avenam vel bladum aliud vel agnos vel porcellos, nec aliquam collectam faciant; et per visum et sacramentum duodecim reguardorum, quando facient reguardum, tot forestarii ponantur ad forestas custodiendas, quod ad illas custodiendas rationabiliter viderint sufficere.

8. Nullum suanimotum [1] de cetero teneatur in regno nostro nisi ter in anno; videlicet in principio quindecim dierum ante festum Sancti Michaelis quando agistatores conveniunt ad agistandum dominicos boscos nostros; et circa festum Sancti Martini quando agistatores nostri debent recipere pannaginm nostrum; et ad ista duo suanimota conveniant forestarii, viridarii et agistatores, et nullus alius per districtionem; et tertium suanimotum teneatur in initio quindecim dierum ante festum Sancti Johannis Baptistae, pro feonatione bestiarum nostrarum, et ad istud suanimotum conveniant

[1] In der Erneuerung von 1225 steht „Swanimotum“, in dem Inspeximus von 1300 „Swainimotum“.

forestarii et viridarii et nulli alii per districtionem. Et praeterea singulis quadraginta diebus per totum annum conveniant viridarii et forestarii ad videndum attachiamenta de foresta, tam de viridi, quam de venatione, per praesentationem ipsorum forestariorum, et coram ipsis attachiatis. Praedicta autem suanimota non teneantur nisi in comitatibus, in quibus teneri consueverunt.

9. Unusquisque liber homo agistet boscum suum in foresta pro voluntate sua et habeat pannagium suum. Concedimus etiam quod unusquisque liber homo possit ducere porcos suos per dominicum boscum nostrum, libere et sine impedimento, ad agistandum eos in boscis suis propriis vel alibi ubi voluerit. Et si porci alicujus liberi hominis una nocte pernoctaverint in foresta nostra, non inde occasionetur ita quod aliquid de suo perdat.

10. Nullus de cetero amittat vitam vel membra pro venatione nostra [1]; sed si aliquis captus fuerit et convictus de captione venationis, graviter redimatur, si habeat unde redimi possit; et si non habeat unde redimi possit, jaceat in prisona nostra per unum annum et unum diem; et, si post unum annum et unum diem plegios invenire possit, exeat a prisona; sin autem, abjuret regnum Angliae.

11. Quicunque archiepiscopus, episcopus, comes vel baro transierit per forestam nostram, liceat ei capere unam vel duas bestias per visum forestarii, si praesens fuerit; sin autem, faciat cornari, ne videatur furtive hoc facere.

12. Unusquisque liber homo de cetero sine occasione faciat in bosco suo, vel in terra sua quam habeat in foresta, molendinum, vivarium, stagnum, marleram, fossatum, vel terram arabilem extra cooperatum [2] in terra arabili, ita quod non sit ad nocumentum alicujus vicini.

13. Unusquisque liber homo habeat in boscis suis aereas accipitrum et speruariorum et falconum, aquilarum, et de heyrinis, et habeant similiter mel quod inventum fuerit in boscis suis.

14. Nullus forestarius de cetero, qui non sit forestarius de feudo reddens nobis firmam pro balliva sua, capiat chiminagium aliquod in balliva sua; forestarius autem de feudo firmam nobis reddens pro balliva sua capiat chiminagium; videlicet pro careta per dimidium annum duos denarios, et

---

[1] Vgl. „Unknown Charter of Liberties“ 12.
[2] Statt cooperatum steht 1225 „coopertum“.

per alium dimidium annum duos denarios, et pro equo, qui portat sumagium, per dimidium annum unum obolum, et per alium dimidium annum obolum, et non nisi de illis qui extra ballivam suam, tanquam mercatores, veniunt per licentiam suam in ballivam suam ad buscam, meremum, corticem vel carbonem emendum, et alias ducendum ad vendendum ubi voluerint; et de nulla alia careta vel sumagio aliquod chiminagium capiatur; et non capiatur chiminagium nisi in locis ubi antiquitus capi solebat et debuit. Illi autem qui portant super dorsum suum buscam, corticem, vel carbonem, ad vendendum, quamvis inde vivant, nullum de cetero dent chiminagium. De boscis autem aliorum nullum detur chiminagium forestariis nostris, praeterquam de dominicis boscis nostris.

15. Omnes utlagati pro foresta tantum, a tempore regis Henrici avi nostri usque ad primam coronationem nostram, veniant ad pacem nostram sine impedimento, et salvos plegios inveniant quod de cetero non forisfaciant nobis de foresta nostra.

16. Nullus castellanus vel alius teneat placita de foresta sive de viridi sive de venatione, sed quilibet forestarius de feudo attachiet placita de foresta tam de viridi quam de venatione, et ea praesentet viridariis provinciarum, et cum irrotulata fuerint et sub sigillis viridariorum inclusa, praesententur capitali forestario cum in partes illas venerit ad tenendum placita forestae, et coram eo terminentur.

17. Has autem libertates de forestis concessimus omnibus, salvis archiepiscopis, episcopis, abbatibus, prioribus, comitibus, baronibus, militibus et aliis tam personis ecclesiasticis quam saecularibus, Templariis et Hospitalariis, libertatibus et liberis consuetudinibus in forestis et extra, in warenniis et aliis, quas prius habuerunt. Omnes autem istas consuetudines praedictas et libertates, quas concessimus in regno nostro tenendas quantum ad nos pertinet erga nostros, omnes de regno nostro tam clerici quam laici observent quantum ad se pertinet erga suos [1]. Quia vero sigillum nondum habuimus, praesentem

[1] Die Erneuerung von 1225 hat hier im Art. 60 den folgenden Zusatz: „Pro hac igitur concessione et donacione libertatum istarum et aliarum libertatum contentarum in majori carta nostra de aliis libertatibus, archiepiscopi, episcopi, abbates, priores, comites, barones, milites, libere tenentes, et omnes de regno nostro, dederunt nobis quintamdecimam partem omnium mobilium suorum. Concessimus eciam eisdem pro nobis et heredibus nostris quod nec nos nec heredes nostri aliquid perquiremus per quod libertates in hac carta contente infringantur vel infirmentur; et, si ab aliquo aliquid contra hoc perquisitum fuerit, nichil valeat et pro nullo habeatur".

cartam sigillis venerabilis patris nostri domini Gualonis tituli Sancti Martini presbyteri cardinalis, apostolicae sedis legati, et Willelmi Marescalli comitis Penbrokiae, rectoris nostri et regni nostri, fecimus sigillari. Testibus praenominatis et aliis multis. Datum per manus praedictorum domini legati et Willelmi Marescalli apud Sanctum Paulum, Londoniis, sexto die Novembris, anno regni nostri secundo.

## XI. DRITTE (ENDGÜLTIGE) ERNEUERUNG DER MAGNA CHARTA DURCH HEINRICH III.

(11. Februar 1225.)[1]

Henricus Dei gratia rex Anglie, dominus Hibernie, dux Normannie, Aquitanie, et comes Andegavie, archiepiscopis, episcopis, abbatibus, prioribus, comitibus, baronibus, vicecomitibus, prepositis, ministris et omnibus ballivis et fidelibus suis presentem cartam inspecturis, salutem.

Sciatis quod nos, intuitu Dei et pro salute anime nostre et animarum antecessorum et successorum nostrorum, ad exaltationem sancte ecclesie et emendationem regni nostri, spontanea et bona voluntate nostra, dedimus et concessimus archiepiscopis, episcopis, abbatibus, prioribus, comitibus, baronibus et omnibus de regno nostro has libertates subscriptas tenendas in regno nostro Anglie in perpetuum.

1 (1). In primis concessimus Deo et hac presenti earta nostra confirmavimus pro nobis et heredibus nostris in perpetuum quod anglicana ecclesia libera sit, et habeat omnia jura sua integra et libertates suas illesas. Concessimus etiam omnibus liberis hominibus regni nostri pro nobis et heredibus nostris in perpetuum omnes libertates subscriptas, habendas et tenendas eis et heredibus suis de nobis et heredibus nostris in perpetuum.

2 (2). Si quis comitum vel baronum nostrorum sive aliorum tenencium de nobis in capite per servicium militare mortuus fuerit, et, cum decesserit, heres ejus plene etatis fuerit et relevium debeat, habeat hereditatem suam per antiquum relevium, scilicet heres vel heredes comitis de baronia comitis integra per centum libras[2], heres vel heredes baronis

---

[1] **Nach der Ausgabe in Statutes of the Realm I 22—25 abgedruckt und mit Textvergleichungen versehen in McKechnie „Magna Charta" 2. Aufl. p. 497—508. Die in Klammern beigefügten Zahlen beziehen sich auf die M. C. von 1215.**

[2] **In den „Inspeximus" Eduards I. von 1297 steht statt „libras" „marcas", was eine Herabsetzung um ein Drittel bedeutet.**

de baronia integra per centum libras, heres vel heredes militis de feodo militis integro per centum solidos ad plus; et qui minus debuerit minus det secundum antiquam consuetudinem feodorum.

3 (3). Si autem heres alicujus talium fuerit infra etatem, dominus ejus non habeat custodiam ejus nec terre sue antequam homagium ejus ceperit; et, postquam talis heres fuerit in custodia, cum ad etatem pervenerit, scilicet viginti et unius anni, habeat hereditatem suam sine relevio et sine fine, ita tamen quod, si ipse, dum infra etatem fuerit, fiat miles, nichilominus terra remaneat in custodia dominorum suorum usque ad terminum predictum.

4 (4). Custos terre hujusmodi heredis qui infra etatem fuerit non capiat de terra heredis nisi rationabiles exitus et rationabiles consuetudines et rationabilia servicia, et hoc sine destructione et vasto hominum vel rerum; et si nos commiserimus custodiam alicujus talis terre vicecomiti vel alicui alii qui de exitibus terre illius nobis debeat respondere, et ille destructionem de custodia fecerit vel vastum, nos ab illo capiemus emendam, et terra committetur duobus legalibus et discretis hominibus de feodo illo qui de exitibus nobis respondeant vel ei cui eos assignaverimus; et si dederimus vel vendiderimus alicui custodiam alicujus talis terre, et ille destructionem inde fecerit vel vastum, amittat ipsam custodiam et tradatur duobus legalibus et discretis hominibus de feodo illo qui similiter nobis respondeant, sicut predictum est.

5 (5). Custos autem, quamdiu custodiam terre habuerit, sustentet domos, parcos, vivaria, stagna, molendina et cetera ad terram illam pertinencia de exitibus terre ejusdem, et reddat heredi, cum ad plenam etatem pervenerit, terram suam totam instauratam de carucis et omnibus aliis rebus, ad minus secundum quod illam recepit. Hec omnia observentur de custodiis archiepiscopatuum, episcopatuum, abbatiarum, prioratuum, ecclesiarum et dignitatum vacancium que ad nos pertinent, excepto quod hujusmodi custodie vendi non debent.

6 (6). Heredes maritentur absque disparagatione.

7 (7). Vidua post mortem mariti sui statim et sine difficultate aliqua habeat maritagium suum et hereditatem suam, nec aliquid det pro dote sua vel pro maritagio suo vel pro hereditate sua, quam hereditatum maritus suus et ipsa tenuerunt die obitus ipsius mariti, et maneat in capitali mesagio mariti sui per quadraginta dies post obitum ipsius mariti sui, infra quos assignetur ei dos sua, nisi prius ei fuerit

assignata, vel nisi domus illa sit castrum; et si de castro recesserit, statim provideatur ei domus competens in qua possit honeste morari, quousque dos sua ei assignetur secundum quod predictum est, et habeat rationabile estoverium suum interim de communi. Assignetur autem ei pro dote sua tercia pars tocius terre mariti sui que sua fuit in vita sua, nisi de minori dotata fuerit ad hostium ecclesie.

(8). Nulla vidua distringatur ad se maritandam, dum vivere voluerit sine marito, ita tamen quod securitatem faciet quod se non maritabit sine assensu nostro, si de nobis tenuerit, vel sine assensu domini sui, si de alio tenuerit.

8 (9). Nos vero vel ballivi nostri non seisiemus terram aliquam nec redditum pro debito aliquo quamdiu catalla debitoris presencia sufficiant ad debitum reddendum et ipse debitor paratus sit inde satisfacere; nec plegii ipsius debitoris distringantur quamdiu ipse capitalis debitor sufficiat ad solutionem debiti; et, si capitalis debitor defecerit in solutione debiti, non habens unde reddat aut reddere nolit cum possit, plegii respondeant pro debito; et, si voluerint, habeant terras et redditus debitoris quousque sit eis satisfactum de debito quod ante pro eo solverunt, nisi capitalis debitor monstraverit se inde esse quietum versus eosdem plegios.

9 (13). Civitas Londonie habear omnes antiquas libertates et liberas consuetudines suas. Preterea volumus et concedimus quod omnes alie civitates, et burgi, et ville, et barones de quinque portubus, et omnes portus, habeant omnes libertates et liberas consuetudines suas.

10 (16). Nullus distringatur ad faciendum majus servicium de feodo militis nec de alio libero tenemento quam inde debetur.

11 (17). Communia placita non sequantur curiam nostram, set teneantur in aliquo loco certo.

12 (18). Recognitiones de nova disseisina et de morte antecessoris non capiantur nisi in suis comitatibus, et hoc modo; nos, vel si extra regnum fuerimus, capitalis justiciarius noster, mittemus justiciarios per unumquemque comitatum semel in anno, qui cum militibus comitatuum capiant in comitatibus assisas predictas. Et ea que in illo adventu suo in comitatu per justiciarios predictos ad dictas assisas capiendas missos terminari non possunt, per eosdem terminentur alibi in itinere suo; et ea que per eosdem propter difficultatem aliquorum articulorum terminari non possunt, referantur ad justiciarios nostros de banco, et ibi terminentur.

13. Assise de ultima presentatione semper capiantur coram justiciaris nostris de banco et ibi terminentur.

14 (20). Liber homo non amercietur pro parvo delicto nisi secundum modum ipsius delicti, et pro magno delicto, secundum magnitudinem delicti, salvo contenemento suo; et mercator eodem modo salva mercandisa sua; et villanus alterius quam noster eodem modo amercietur salvo wainagio suo, si inciderit in misericordiam nostram; et nulla predictarum misericordiarum ponatur nisi per sacramentum proborum et legalium hominum de visneto.

(21). Comites et barones non amercientur nisi per pares suos, et non nisi secundum modum delicti.

(22). Nulla ecclesiastica persona amercietur secundum quantitatem beneficii sui ecclesiastici, set secundum laicum tenementum suum, et secundum quantitatem delicti.

15 (23). Nec villa, nec homo, distringatur facere pontes ad riparias nisi qui ex antiquo et de jure facere debet.

16. Nulla riparia decetero defendatur, nisi ille que fuerunt in defenso tempore regis Henrici avi nostri, per eadem loca et eosdem terminos sicut esse consueverunt tempore suo.

17 (24). Nullus vicecomes, constabularius, coronatores vel alii ballivi nostri teneant placita corone nostre.

18 (26). Si aliquis tenens de nobis laicum feodum moriatur, et vicecomes vel ballivus noster ostendat litteras nostras patentes de summonitione nostra de debito quod defunctus nobis debuit, liceat vicecomiti vel ballivo nostro attachiare et inbreviare catalla defuncti inventa in laico feodo ad valenciam illius debiti per visum legalium hominum, ita tamen quod nichil inde amoveatur donec persolvatur nobis debitum quod clarum fuerit, et residuum relinquatur executoribus ad faciendum testamentum defuncti; et si nichil nobis debeatur ab ipso, omnia catalla cedant defuncto, salvis uxori ipsius et pueris suis rationabilibus partibus suis.

19 (28). Nullus constabularius vel ejus ballivus capiat blada vel alia catalla alicujus qui non sit de villa ubi castrum situm est, nisi statim inde reddat denarios aut respectum inde habere possit de voluntate venditoris; si autem de villa ipsa fuerit, infra quadraginta dies precium reddat.

20 (29). Nullus constabularius distringat aliquem militem ad dandum denarios pro custodia castri, si ipse eam facere voluerit in propria persona sua, vel per alium probum hominem, si ipse eam facere non possit propter rationabilem causam, et, si nos duxerimus eum vel miserimus in exercitum, erit

quietus de custodia secundum quantitatem temporis quo per nos fuerit in exercitu de feodo pro quo fecit servicium in exercitu.

21 (30). Nullus vicecomes, vel ballivus noster, vel alius capiat equos vel carettas alicujus pro cariagio faciendo, nisi reddat liberationem antiquitus statutam, scilicet pro caretta ad duos equos decem denarios per diem, et pro caretta ad tres equos quaturodecim denarios per diem. Nulla caretta dominica alicujus ecclesiastice persone vel militis vel alicujus domine capiatur per ballivos predictos.

(31). Nec nos nec ballivi nostri nec alii capiemus alienum boscum ad castra vel alia agenda nostra, nisi per voluntatem illius cujus boscus ille fuerit.

22 (32). Nos non tenebimus terras eorum qui convicti fuerint de felonia, nsi per unum annum et unum diem; et tunc reddantur terre dominis feodorum.

23 (33). Omnes kidelli decetero deponantur penitus per Tamisiam et Medeweiam et per totam Angliam, nisi per costeram maris.

24 (34). Breve quod vocatur Precipe decetero non fiat alicui de aliquo tenemento, unde liber homo perdat curiam suam.

25 (35). Una mensura vini sit per totum regnum nostrum, et una mensura cervisie, et una mensura bladi, scilicet quarterium London, et una latitudo pannorum tinctorum et russettorum et haubergettorum, scilicet due ulne infra listas; de ponderibus vero sit ut de mensuris.

26 (36). Nichil detur de cetero pro brevi inquisitionis ab eo qui inquisitionem petit de vita vel membris, set gratis concedatur et non negetur.

27 (37). Si aliquis teneat de nobis per feodifirmam vel soccagium, vel per burgagium, et de alio terram teneat per servicium militare, nos non habebimus custodiam heredis nec terre sue que est de feodo alterius, occasione illius feodifirme, vel soccagii, vel burgagii, nec habebimus custodiam illius feodifirme vel soccagii vel burgagii, nisi ipsa feodifirma debeat servicium militare. Nos non habebimus custodiam heredis nec terre alicujus quam tenet de alio per servicium militare, occasione alicujus parve serjanterie quam tenet de nobis per servicium reddendi nobis cultellos, vel sagittas, vel hujusmodi.

28 (38). Nullus ballivus ponat decetero aliquem ad legem manifestam vel ad juramentum simplici loquela sua, sine testibus fidelibus ad hoc inductis.

29 (39). Nullus liber homo decetero capiatur vel in-

prisonetur aut disseisiatur de aliquo libero tenemento suo vel libertatibus vel liberis consuetudinibus suis, aut utlagetur, aut exuletur aut aliquo alio modo destruatur, nec super eum ibimus, nec super eum mittemus, nisi per legale judicium parium suorum, vel per legem terre.

(40). Nulli vendemus, nulli negabimus aut differemus rectum vel justiciam.

30 (41). Omnes mercatores, nisi publice antea prohibiti fuerint, habeant salvum et securum exire de Anglia, et venire in Angliam, et morari, et ire per Angliam tam per terram quam per aquam ad emendum vel vendendum sine omnibus toltis malis per antiquas et rectas consuetudines, preterquam in tempore gwerre, et si sint de terra contra nos gwerrina; et si tales inveniantur in terra nostra in principio gwerre, attachientur sine dampno corporum vel rerum, donec sciatur a nobis vel a capitali justiciario nostro quomodo mercatores terre nostre tractentur, qui tunc invenientur in terra contra nos gwerrina; et, si nostri salvi sint ibi, alii salvi sint in terra nostra.

31 (43). Si quis tenuerit de aliqua escaeta, sicut de honore Wallingefordie, Bolonie, Notingeham, Lancastrie, vel de aliis que sunt in manu nostra, et sint baronie, et obierit, heres ejus non det aliud relevium nec faciat nobis aliud servicium quam faceret baroni, si ipsa esset in manu baronis; et nos eodem modo eam tenebimus quo baro eam tenuit; nec nos, occasione talis baronie vel escaete, habebimus aliquam escaetam vel custodiam aliquorum hominum nostrorum, nisi alibi tenuerit de nobis in capite ille qui tenuit baroniam vel escaetam.

32. Nullus liber homo decetero det amplius alicui vel vendat de terra sua quam ut de residuo terre sue possit sufficienter fieri domino feodi servicium ei debitum quod pertinet ad feodum illud.

33 (46). Omnes patroni abbatiarum qui habent cartas regum Anglie de advocatione, vel antiquam tenuram vel possessionem, habeant earum custodiam cum vacaverint, sicut habere debent, et sicut supra declaratum est.

34 (54). Nullus capiatur vel imprisonetur propter appellum femine de morte alterius quam viri sui.

35. Nullus comitatus decetero teneatur, nisi de mense in mensem; et, ubi major terminus esse solebat, major sit. Nec aliquis vicecomes vel ballivus faciat turnum suum per hundredum nisi bis in anno et non nisi in loco debito et consueto, videlicet semel post Pascha et iterum post festum

sancti Michaelis. Et visus de franco plegio tunc fiat ad illum terminum sancti Michaelis sine occasione, ita scilicet quod quilibet habeat libertates suas quas habuit et habere consuevit tempore regis Henrici avi nostri, vel quas postea perquisivit. Fiat autem visus de franco plegio sic, videlicet quod pax nostra teneatur, et quod tethinga integra sit sicut esse consuevit, et quod vicecomes non querat occasiones, et quod contentus sit eo quod vicecomes habere consuevit de visu suo faciendo tempore regis Henrici avi nostri.

36. Non liceat alicui decetero dare terram suam alicui domui religiose, ita quod eam resumat tenendam de eadem domo, nec liceat alicui domui religiose terram alicujus sic accipere quod tradat illam ei a quo ipsam recepit tenendam. Si quis autem de cetero terram suam alicui domui religiose sic dederit, et super hoc convincatur, donum suum penitus cassetur, et terra illa domino suo illius feodi incurratur.

37. Scutagium decetero capiatur sicut capi solebat tempore regis Henrici avi nostri. Et salve sint archiepiscopis, episcopis, abbatibus, prioribus, templariis, hospitalariis, comitibus, baronibus et omnibus aliis tam ecclesiasticis quam secularibus personis libertates et libere consuetudines quas prius habuerunt.

(60). Omnes autem istas consuetudines predictas et libertates quas concessimus in regno nostro tenendas quantum ad nos pertinet erga nostros, omnes de regno nostro tam clerici quam laici observent quantum ad se pertinet erga suos. Pro hac autem concessione et donatione libertatum istarum et aliarum contentarum in carta nostra de libertatibus foreste, archiepiscopi, episcopi, abbates, priores, comites, barones, milites, libere tenentes, et omnes de regno nostro dederunt nobis quintam decimam partem omnium mobilium suorum. Concessimus etiam eisdem pro nobis et heredibus nostris quod nec nos nec heredes nostri aliquid perquiremus per quod libertates in hec carta contente infringantur vel infirmentur; et, si de aliquo aliquid contra hoc perquisitum fuerit, nichil valeat et pro nullo habeatur.

Hiis testibus domino Stephano Cantuariensi archiepiscopo, Eustachio Londoniensi, Jocelino Bathoniensi, Petro Wintoniensi, Hugoni Lincolniensi, Ricardo Sarrisberiensi, Benedicto Roffensi, Willelmo Wigorniensi, Johanne Eliensi, Hugone Herefordiensi, Radulpho Cicestriensi, Willelmo Exoniensi episcopis, abbate sancti Albani, abbate sancti Edmundi, abbate de Bello, abbate sancti Augustini Cantuariensis, abbate de Eveshamia, abbate de Westmonasterio, abbate de Burgo sancti Petri, abbate

Radingensi, abbate Abbendoniensi, abbate de Maumeburia, abbate de Winchecomba, abbate de Hida, abbate de Certeseia, abbate de Sireburnia, abbate de Cerne, abbate de Abbotebiria, abbate de Middletonia, abbate de Seleby, abbate de Wyteby, abbate de Circncestria, Huberto de Burgo justiciario, Ranulfo comite Cestrie et Lincolnie, Willelmo comite Sarrisberie, Willelmo comite Warennie, Gilberto de Clara comite Gloucestrie et Hertfordie, Willelmo de Ferrariis comite Derbeie, Willelmo de Mandevilla comite Essexie, Hugone Le Bigod comite Norfolcie, Willelmo comite Aubemarle, Hunfrido comite Heredordie, Johanne constabulario Cestrie, Roberto de Ros, Roberto filio Walteri, Roberto de Veteri ponte, Willielmo Brigwerre, Ricardo de Munfichet, Petro filio Herberti, Matheo filio Herberti, Willielmo de Albiniaco, Roberto Gresley, Reginaldo de Brahus, Johanne de Munemutha, Johanne filio Alani, Hugone de Mortuomari, Waltero de Bellocampo, Willielmo de sancto Johanne, Petro de Malalacu, Briano de Insula, Thoma de Muletonia, Ricardo de Argentein., Gaufrido de Nevilla, Willielmo Mauduit, Johanne de Baalun.

Datum apud Westmonasterium undecimo die februarii anno regni nostri nono.

## XII. ANDROHUNG DER EXKOMMUNIKATION DURCH DIE ENGLISCHEN BISCHÖFE FÜR ALLE, DIE SICH GEGEN DIE MAGNA CHARTA ODER GEGEN DIE CHARTA DE FORESTA VERGEHEN.

(13. Mai 1253)[1]

Anno Domini m. cc. liii°, tercio idus mayi, in majori aula Regia Westmonasterii, sub presencia et assensu domini Henrici, Dei gracia Regis Anglie illustris, et dominorum Ricardi comitis Cornubie, fratris sui, Rogeri comitis Norfolchie et Suffolchie, marescalli Anglie, Hunfridi comitis Herefordie, Hugonis comitis Oxonie, Johannis comitis Warwyk et aliorum optimatum regni Anglie, nos Bonifacius divina miseracione Cantuariensis archiepiscopus, tocius Anglie primas, Fulco Londoniensis, Hugo Elyensis, Robertus Lincolniensis, Walterus Wygorniensis, Walterus Norwicensis, Petrus Herefordiensis, Willelmus Sarrisberiensis, Walterus Dunolmensis, Ricardus Exoniensis, Silvester Karliolensis, Willelmus Bathoniensis, Laurentius Roffensis,

---

[1] Eine der originalen Ausfertigungen nebst Siegelresten hat sich in der Kathedrale von Wells erhalten. Der Abdruck bei Bémont p. 71—73 ist genauer als der bei Stubbs p. 373 f.

Thomas Menevensis episcopi, pontificalibus induti, candelis accensis, in transgressores libertatum ecclesiasticarum et libertatum seu liberarum consuetudinum regni Anglie, et precipue earum que continentur in carta communium libertatum regni et carta de foresta, excommunicacionis sentenciam solempniter tulimus sub hac forma:

Auctoritate Dei omnipotentis patris, et filii, et Spiritus sancti, et gloriose Dei genitricis semperque virginis Marie, beatorum apostolorum Petri et Pauli, omniumque apostolorum, beati Thome archiepiscopi et martiris, omniumque martirum, confessorum beati Edwardi Regis Angliae, omniumque et virginum, omniumque sanctorum Dei, excommunicamus et anatematizamus et a liminibus sancte matris Ecclesie sequestramus omnes illos qui amodo scienter et maliciose ecclesias privaverint vel spoliaverint suo jure; item omnes illos qui ecclesiasticas libertates vel antiquas regni consuetudines approbatas, et precipue libertates et liberas consuetudines quae in cartis communium libertatum et de foresta continentur, concessis a domino Rege archiepiscopis, episcopis et ceteris Anglie prelatis, comitibus, baronibus, militibus et libere tenentibus, quacumque arte vel ingenio violaverint, infregerint, diminuerint seu immutaverint, clam vel palam, facto, verbo vel consilio, contra illas, vel earum aliquam in quocumque articulo temere veniendo; item omnes illos qui contra illas vel earum aliquam statuta ediderint vel edita servaverint, consuetudines introduxerint vel servaverint introductas, scriptores statutorum necnon consiliarios et executores qui secundum ea presumpserint judicare. Qui omnes et singuli superius memorati hanc sentenciam incursuros se noverint ipso facto, qui scienter aliquid commiserint de predictis. Qui vero ignoranter, nisi commoniti infra quindenam a tempore commonicionis se correxerint et arbitrio ordinariorum plene satisfecerint de commissis, extunc sint hac sentencia involuti. Eadem eciam sentencia innodamus omnes illos, qui pacem Regis et regni presumpserint perturbare. In cujus rei memoriam sempiternam nos signa nostra presentibus duximus apponenda.

## XIII. AUS „FORMA REGIMINIS DOMINI REGIS ET REGNI“.
(Juni 1264)

Ad reformationem status regni Angliae eligantur et nominentur tres discreti et fideles de regno, qui habeant auctoritatem et potestatem a domino rege eligendi seu nominandi, vice domini regis, consiliarios novem; tres ad minus alternatim seu vicissim semper sint in curia praesentes [1]; et domius rex per consilium eorundem novem, ordinet et disponat de custodia castrorum et omnibus aliis regni negotiis: praeficiat etiam dominus rex per consilium praedictorum novem, justitiarium, cancellarium, thesaurarium, et alios officiales majores et minores, in hiis quae spectant ad regimen curiae et regni . . . Actum in parliamento Londoniis, mense Junii A. D. M°CC°LX°IV°. [2]

## XIV. BERUFUNG VON VERTRETERN DER GRAFSCHAFTEN UND STÄDTE ZU EINER IM JANUAR 1265 ABZUHALTENDEN VERSAMMLUNG DER GEISTLICHEN UND WETLICHEN GROSSEN.

(Simon de Montfort's Parlament.)

Mandatum est singulis vicecomitibus per Angliam quod venire faciant duos milites de legalioribus, probioribus et discretioribus militibus singulorum comitatuum ad regem Londoniis in octavis praedictis in forma supradicta.

Item in forma praedicta scribitur civibus Eboraci, civibus Lincolniae, et ceteris burgis Angliae, quod mittant in forma praedicta duos de discretioribus, legalioribus et probioribus tam civibus quam burgensibus.

Item in forma praedicta mandatum est baronibus et probis hominibus Quinque Portuum . . .[3]

## XV. AUS DEM „DICTUM DE KENILWORTH“.

(31. Oktober 1266)

1. Dicimus et providemus quod serenissimus princeps dominus Henricus rex Angliae illustris dominium suum, auctoritatem et regiam potestatem habeat, plenarie obtineat, et libere exerceat sine cujuscunque impedimento vel con-

---

[1] Die drei Wähler, von welchen die neun Regenten bestimmt wurden, waren Stephan Berkstead, Bischof von Chichester, Simon von Montfort, Graf von Leicester, und Gilbert de Clare, Graf von Gloucester.

[2] Weitere Dokumente der provisorischen Regierung Simons von Montfort in der Zeit vom Juni 1264 bis August 1265 sind in Stubbs Select Charters p. 406—418 zusammengestellt.

[3] Der einzige urkundliche Beweis für die Berufung dieses Parlaments, dessen Zusammensetzung aus Vertretern von Grafschaftsrittern und Städtern dem Grafen Simon von Montfort im 19. Jh. den Ruhm eingetragen hat, „der Schöpfer des Hauses der Gemeinen“ zu sein, ist uns in einer Eintragung auf den Close Rolls aus dem 49. Jahre Heinrichs III. (m. 11. d.) erhalten.

tradictione, per quam contra jura approbata et leges ac regni consuetudines diu obtentas, dignitas regia offendatur; atque ab universis et singulis majoribus et minoribus ipsius regni hominibus, ipsi domino regi et mandatis ac praeceptis suis licitis plene obediatur et humiliter intendatur.

2. Et omnes et singuli per brevia ad curiam domini regis justitiam petant et in justitia respondeant, sicut ante tempus hujus turbationis hactenus fieri consuevit.

... 3. Rogamus pariter et suademus eidem domino regi ut libertates ecclesiasticas, cartas libertatum et forestae, quas servare et custodire tenetur expresse et proprio juramento, plene custodiat et observet.

4. Provideat etiam dominus rex quod concessiones quas fecit hactenus, spontaneus non coactus, observentur, et alia necessaria quae per suos ex ejus beneplacito sunt excogitata, stabiliat duratura. Et etiam Anglicana ecclesia suis libertatibus et consuetudinibus, quas habuit et habere debuit ante tempus hujusmodi turbationis, plene restituatur et eis uti libere permittatur.

5. Dicimus et providemus ut praefatus dominus rex universis et singulis qui, ab initio praesentis turbationis regni et occasione ipsius usque ad hoc tempus, in ipsum vel in coronam regiam commiserunt injuriam quamlibet vel offensam, et qui ad pacem ipsius venerunt infra xl. dies post publicationem hujusmodi nostrae provisionis, omnino remittat et parcat; ita quod nullo modo nullaque causa vel occasione propter hujusmodi praeteritas injurias vel offensas, in eosdem offensores ullam exercet ultionem; aut ipsis poenam vitae, membri, carceris vel exilii aut pecuniae inferat vel vindictam; exceptis hiis qui in praesenti nostra provisione inferius continentur.

6. Dicimus etiam et providemus ut omnia loca, jura, res, et alia ad coronam regiam pertinentia, ipsi coronae et domino regi restituantur, per eos qui ea detinent occupata, nisi ostendant se illa per rationabilem warantiam ab ipso domino rege vel a suis antecessoribus possidere. [1]

[1] Dieses lange Aktenstück, das nach dem Abdruck in den Statutes of the Realm I 12—17 in Stubbs Select Charters p. 419—425 wiedergegeben ist, enthält die von den dazu vom König und von den Baronen bevollmächtigten drei Bischöfen und acht Grossen festgesetzten Grundsätze des wiederhergestellten inneren Friedens, der dann bis 1297 ungestört blieb. Während die alten Reichsgrundgesetze in Kraft bleiben sollen, werden im Artikel 7 „universa scripta, obligationes et instrumenta“, die der König und sein Sohn gelegentlich der sogenannten „Provisions

## XVI. BERUFUNG VON VERTRETERN ALLER GRAFSCHAFTEN UND ALLER STÄDTE ZU EINEM IM NOVEMBER 1295 ABZUHALTENDEN PARLAMENT.

(3. Oktober 1295)

Rex vicecomiti ... Quia cum comitibus, baronibus et ceteris proceribus regni nostri, super remediis contra pericula, quae eidem regno hiis diebus imminent, providendis colloquium habere volumus et tractatum, per quod eis mandavimus quod sint ad nos die Dominica proxima post festum Sancti Martini in hyeme proxime futurum apud Westmonasterium, ad tractandum, ordinandum, et faciendum qualiter sit hujusmodi periculis obviandum; tibi praecipimus firmiter injungentes quod de comitatu praedicto duos milites et de qualibet civitate ejusdem comitatus duos cives, et de quolibet burgo duos burgenses, de discretioribus et ad laborandum potentioribus, sine dilatione eligi et eos ad nos ad praedictos diem et locum venire facias; ita quod dicti milites plenam et sufficientem potestatem pro se et communitate comitatus praedicti et dicti cives et burgenses pro se et communitate civitatum et burgorum praedictorum divisim ab ipsis tunc ibidem habeant, ad faciendum quod tunc de communi consilio ordinabitur in praemissis; ita quod pro defectu hujusmodi potestatis negotium praedictum infectum non remaneat quoquo modo. Et habeas ibi nomina militum, civium et burgensium et hoc breve. T. Rege apud Cantuariam III. die Octobris [1].

---

of Oxford" 1258 auf Veranlassung Simons von Montfort und seiner Helfershelfer haben ergehen lassen, für null und nichtig erklärt („penitus adnihilentur et cassentur, et pro cassis et pro nullis penitus habeantur"). Damit war die Revolutionsperiode von 1258—1265 ebenso endgültig abgetan, wie der „Free State and Common Wealth" Cromwells durch die Restauration von 1660.

[1] Von den verlorenen Wahlberichten dieses „Musterparlaments" haben sich Abschriften erhalten, aus denen die Namen der Vertreter von 29 Grafschaften und 111 Städten in den von F. Palgrave herausgegebenen „Parliamentary Writs" und in dem Blaubuch „Return, Members of Parliament" (1878) abgedruckt sind. In vielen Fällen, wo die Wahlberichte („Return of Writs") verloren gegangen sind, ergeben sich die Namen der Gewählten aus den Anweisungen über die von den Grafschaften und Städten zu zahlenden Diäten. Ausnahmsweise sind für das Parlament, das am 20. Mai 1300 eröffnet wurde, um die Durchführung der Charta de Foresta zu kontrollieren, von jeder Grafschaft drei Ritter abgeordnet worden. Die Universitäten Oxford und Cambridge sind zum ersten Male in dem am 20. Januar 1301 in Lincoln eröffneten Parlament vertreten worden, da an die Kanzler derselben besondere Wahlausschreiben ergingen, für Oxford vier oder fünf und für Cambridge zwei oder drei Vertreter zu bestimmen, die „in dem geschriebenen Recht am besten

## XVII. ARTICULI INSERTI IN MAGNA CHARTA. (1297)

Das sogenannte „Statutum de Tallagio non concedendo“[1]

1. Nullum tallagium vel auxilium per nos vel haeredes nostros de cetero in regno nostro imponatur seu levetur, sine voluntate et assensu communi archiepiscoporum, episcoporum et aliorum praelatorum, comitum, baronum, militum, burgensium et aliorum liberorum hominum in regno nostro.

2. Nullus minister noster vel haeredum nostrorum capiat blada, lanas, coria, aut aliqua alia bona cujuscunque, sine voluntate et assensu illius cujus fuerint hujusmodi bona.

3. Nihil capiatur de cetero, nomine vel occasione malae toltae de sacco lanae.

4. Volumus etiam et concedimus pro nobis et haeredibus nostris, quod omnes clerici et laici de regno nostro habeant omnes leges, libertates et liberas consuetudines suas ita libere et integre sicut eas aliquo tempore plenius et melius habere consueverunt. Et si contra illas vel quemcunque articulum in praesenti carta contentum statuta fuerint edita per nos vel per antecessores nostros, vel consuetudines introductae, volumus et concedimus quod hujusmodi consuetudines et statuta vacua et nulla sint in perpetuum . . .

---

versiert sind“. Zu dem Parlament vom Februar 1305 wurden auch die Coroners der Grafschaft Oxford entboten, die ihre Akten mitbringen sollten. Die Wahlausschreiben für 1301 gebieten den Sheriffs auch, öffentlich bekanntzugeben, dass alle Individuen, die sich durch die vorgenommene perambulatio forestarum beschwert fühlen, im Parlament erscheinen sollen, um die Gründe ihrer Unzufriedenheit darzulegen. Als aber der König 1303 eine Besprechung mit den Kaufleuten haben wollte, um ihre Zustimmung zu einer Zollerhöhung zu erlangen, liess er durch Vermittlung der Sheriffs aus jeder Stadt zwei oder drei Bürger vor sein Schutzamt zu einer Zeit laden, wo kein Parlament stattfand.

[1] (Stubbs Sel. Ch. 497 f.) Dieses vermeintliche lateinische Äquivalent der französischen Confirmatio Cartarum von 1297 findet sich nur in der Chronik Walters von Hemingburgh „De gestis regum Angliae“ (1048—1346) ed. H. C. Hamilton (2 Bde. London 1848—49.), Jetzt stimmen alle Forscher darin überein, dass es sich dabei höchstens um eine Petition handelt, die von den Aufständischen dem König übersandt wurde. Aber in der „Petition of Right“ von 1628 wird auf dieses „commonly called Statutum de Tallagio non Concedendo“ zurückgegriffen, und die Richter in dem berühmten Prozess gegen John Hampden wegen Schiffsgeld haben den Text als den eines gültigen Statuts anerkannt. Über das Wesen der Tallage äussert sich MacKechnie in Magna Carta 2. Aufl. 235—239, ohne aber den Streitpunkt betreffs der „antiqua dominica“ zu beachten. Das Kompromiss darüber „vom Jahre 1305 mittels spezieller Verordnungen bei Riess“ Ursprung des englischen Unterhauses (Hist. Ztsch. N. F. Bd. 60 S. 21 ff. 1888).

Der Sachverhalt lässt sich folgendermassen zusammenfassen: Auf

## XVIII. CONFIRMATIO CARTARUM
(10. Oktober und 5. November 1297)[1]

1. Edward par la grace de Dieu, Roy d'Engleterre, seygneur d'Irlaunde e duca d'Aquitaine, a toutz ceuz qui cestes presentes lettres verrount ou orrount, saluz. Sachiez nous a l'honeur de Dieu e de seinte Eglise e a profist de tout

---

nicht lehnspflichtigem Boden, wozu besonders auch Städte und Dörfer gehörten, war es dem Grundherrn gestattet, Tallagia, d. h. Abgaben vom beweglichen Eigentum, das sich darauf fand, wem es auch immer gehören mochte, zu erheben, so oft es ihm beliebte. Ursprünglich war das ganze, nicht als Ritterlehen verliehene Gebiet durch Wilhelm den Eroberer und seine Nachfolger als Dominica von der Krone in Besitz genommen worden. Im Laufe der Zeit war aber ein grosser Teil davon der Kirche und dem Lehnsadel abgetreten worden, so dass sich in den Listen neben den Hundertschaften und Städten „in manu Regis existentibus" noch zahlreichere „in tenantia" eines namentlich angeführten Grossen oder einer kirchlichen Korporation befanden. Von diesen Parzellen erhoben die anerkannten Besitzer gewohnheitsmässig Tallagia, um daraus einen Teil der Unkosten zur Erfüllung ihrer Lehnspflichten zu beziehen. Namentlich unter der langen Regierung Heinrichs III. (1216—1272) waren sehr viele solcher der Lehnspflicht nicht unterworfenen Besitztümer aus der Hand des Königs in die der Grossen übergegangen. Eduard I. liess daher im Jahre 1278 zugleich mit einer allgemeinen Landesaufnahme, die er in allen Hundertschaften vornehmen liess, auch feststellen, welche Teile der Dominica erst kürzlich dem Besitz der Krone abhanden gekommen waren. In den Rotuli hundredorum, die in zwei Foliobänden von der Rekordkommission 1812—1818 grösstenteils herausgegeben worden sind, haben wir noch die entsprechenden Nachweisungen. Der König unterschied nun in dem Besitz seiner Vasallen ihr Lehnsgut von dem ihnen zugefallenen nicht lehnspflichtigen Gebiet. Letzteres beanspruchte er als antiqua Dominica zwar nicht mehr als der Krone gehöriges Gebiet; wohl aber legte er sich das Recht bei, dort Tallagia nach Gutdünken zu eigenem Vorteil zu erheben. Diese Benachteiligung wollten sich die davon Betroffenen nicht gefallen lassen. Aber trotz der Confirmatio Cartarum gab der König seinen Anspruch, überall, wo antiqua Dominica naehweisbar war, Tallagia für die Krone zu erheben, nicht auf. Erst im Parlament von 1305 erreichten es die Grossen durch eine gemeinsam dem Reichsrat übergebene Petition, dass der König ihnen gestattete, in der antiqua Dominica, unde sunt in tenantia, zu derselben Zeit und in dem gleichen Umfange Tallagia zu erheben, wie es der König in seiner ihm noch verbliebenen Dominica anordnete. Durch 87 Ausschreiben an die Sheriffs erhielten 43 Besitzer von antiqua Dominica Ausweise über das ihnen damit verliehene Recht. (Records of the parliament at Westminster in 1305, ed. F. W. Maitland. Rolls Series Nr. 98 London 1893, Petition Nr. 87.)

[1] Das Original befindet sich im British Museum unter den Cotton Charters ohne die Schlussbemerkung der Untersieglung durch den König in Gent, 26 Tage nach der Ausfertigung durch den Prinzen von Wales in London.

nostre roiaume, avoir graunté pur nous et pur nos heyrs, ke la graunt chartre des fraunchises et la chartre de la foreste, les queles feurent faites par commun asent de tout le roiaume en le temps le Roi Hanry nostre pere, soient tenues en touz leur pointz, saunz nul blemissement. E volums ke meismes celes chartres desouz nostre seal soient envieez a noz justices, ausi bien de la forest sicume as autres, e a touz les viscountes des counteez, e a toutz nos autres ministres e a toutes noz cyteez par my la terre, ensemblement ove nos brefs, en les quieux serra countenu, k'il facent les avauntdites chartres puplier, e ke il facent dire au pueple ke nous les avuns grauntées de tenir les en toutz leur pointz; e a nos justices, viscountes, maires e autres ministres, qui la loy de la terre desoutz nous e par nous ount a guier, meismes les chartres en toutz lur pointz en pledz devaunt eaux e en jugementz les facent alower; c'est a savoir la graunt chartre des fraunchises cume loi commune, e la chartre de la forest solounc l'asise de la forest, a l'amendement de nostre pueple.

2. E volums ke, si nuls jugementz soient donez desoremes encountre les pointz des chartres avauntdites par justices e par nos autres ministres qui countre les pointz des chartres tienent pledz devaunt eaux, soient defez e pur nyent tenuz.

3. E voloms ke meismes celes chartes desoutz nostre seal soient envieez as eglises cathedrales parmi nostre roiaume e la demoergent, e soient deus fiez par an lues devaunt le poeple.

4. E ke arceeveesques e evesques, doignent sentences du graunt escomenger countre touz ceaux qui countre les avauntdites chartres vendrount ou en fait, ou en ayde, ou en conseil, ou nul poynt enfreindrent, ou encountre vendrount. E ke celes sentences soient denunciez e pupliez deux foyz par an par les avantditz prelas. E si meismes les prelas, evesques, ou nul d'eux soient necgligentz a la denunciaciun susdite faire, par les arceevesques de Caunterbire e de Everwyk, qui pur temps serrount, sicume covyent, soient repris e destreintz a meismes cele denunciaciun fere en la fourme avauntdite.

5. E pur coe ke aukune gentz de nostre roiaume se doutent qe les aides e les mises, les queles il nous ount fait avaunt ces houres pur nos guerres e autres busoignes, de leur graunt e de leur bone volunté, en quele manere qe fez soient, peussent tourner en servage a eux et a leur heyrs, par coe qu'il serroient autrefoytz trovez en roulle, e ausint

prises qe ount esté faites par my le roiaume par nos ministres en nostre noun, avuns graunté pur nous e pur nos heyrs, qe meș teles aydes, mises, ne prises, ne trerroms a coustume, pur nule chose qe soit fayte ou ke par roulle ou en autre manere pust estre trovée.

6. E ausint avuns graunté pur nous e pur nos heyrs as arceevesques, evesques abbées, priours, e as autre gentz de seint eglise, e as countes e barouns e a toute la communauté de la terre, qe mes pur nule busoigne tieu manere des aydes, mises ne prises, de nostre roiaume ne prenderons, fors ke par commun assent de tout le roiaume e a commun profist de meismes le roiaume, sauve les aincienes aydes e prises dues e acoustumées.

7. E pur coe ke tout le plus de la communauté del roiaume se sentent durement grevez de la male toute des leynes, c'ect asaver de chescun sac de leyne quarante sous, e nous ount prié ke nous les vousissions relesser, nous a leur priere les avuns pleinement relessé; e avuns graunté que cele ne autre mes me prendrons, sauntz leur commun assent e lur bone volenté; sauve a nous e a nos heyrs la coustume des leynes, peaux e quirs avaunt grauntez par la communauté du roiaume avauntdit. En tesmoinaunce des quieux choses nous avuns fait faire cestes nos lettres overtes. Testmoigne Edward nostre fitz a Londres le disme jour de October, lan de nostre regne vintisme quynt.

E fet a remembrer qe meisme ceste chartre suth meimes les paroles, de mot en mot, fust sele en Flaundres, de suth le grant seal le rey, cest asaver a Gaunt, le quint jour de November, lan del regne lavantdit notre seignur le rey vintisme quint, e envee en Engleterre [1].

---

[1] Über die Beschwerden und Verhandlungen, die der Confirmatio Cartarum vorausgingen, haben wir die interessanten Berichte in den Chroniken des Wilhelm von Rishanger (ed. H. T. Riley. Rools Series 1865) und des Walter von Hemingburgh (ed. H. C. Hamilton. English Historical Society, London 1848—49), aus denen die wichtigsten Stellen in Stubbs Select Charters p. 441—445 abgedruckt sind. Auch diesmal überreichten die Abgesandten der Barone eine Liste ihrer Beschwerden schriftlich mit der Einführung: „Haec sunt nocumenta" etc. Unter den fünf Beschwerdepunkten befinden sich auch die beiden folgenden über allzu drückende Besteuerung. 2. „ . . . nimis afflicti sunt per diversa tallagia, auxilia, prisas, videlicet, de frumento, avena, braseo, lanis, coriis, bobus, vaccis, carnibus salsis, sine solutione alicujus denarii, de quibus se debuerant sustentasse". 5. „Praeterea tota communitas sentit se gravatam de vectigali lanarum, quod nimis est onerosum, videlicet de quolibet sacco quadraginta solidos, et de lana fracta de quolibet sacco septem marcas;

# XIX. ANNULLIERUNGSBULLE DES PAPSTES CLEMENS V.[1]

(29. Dezember 1305)

Clemens episcopus, servus servorum Dei. Carissimo in Christo filio E., regi Anglie illustri, salutem et apostolicam benedictionem. Regalis devotionis integritas, que in exequendis votis apostolice sedis viget et viguit indefessa, digne meretur ut sedes ipsa a te obnoxia amputet, abstergat incomoda, et fructuosa procuret. Sane nuper digna relatione percepimus quod te olim in Flandria, et ante quam illuc etiam accessisses, pro tui juris tuitione contra nonnullos tuos

---

lana enim Angliae ascendit fere ad valorem medietatis totius terrae, et vectigal quod inde solvitur ascendit ad quintam partem valoris totius terrae.

Noch unter Eduard I. wurden drei Erneuerungen der Confirmatio Cartarum erlassen. Bei der ersten vom 8. März 1299 ging es noch sehr stürmisch zu: „Articulos enim sic confirmaverat rex ut in fine adjiceret salvo jure coronae nostrae. Quod auditum displicuit, et recesserunt ad propria impacati. Consiliarii autem regis, timentes seditionem populi, tradiderunt utrasque cartas sic consignatas vicecomitibus Londoniensibus ut in publico legerentur: factumque est sic in coemeterio Sancti Pauli congregato populo universo: dumque viderentur imprimis cartae sic condignatae, benedixerunt Dominum et regem, sed audito fine captioso, confestim improperantes, maledictionem pro benedictione intulerunt. Dissolutumque est consilium, et comites nostri ut convenirent iterato in quindenam Paschae ante eorum recessum diem receperunt. In quo quidem colloquio Lonodoniis celebrato rex quasi omnia petita concessit et votis eorum paruit." Eine zweite Erneuerung erfolgte am 6. März 1300. Sie ist unter dem Titel „Articuli super Cartas" in die Statutenrolle eingetragen, enthält aber trotz grosser Ausführlichkeit Punkt 6 und 7 der ursprünglischen Confirmation vom 10. Oktober 1297 nicht. Im Parlament zu Lincoln von 1301 bestätigte Eduard I. die Confirmatio Cartarum durch ein Patent, das seitdem als endgültige Form angesehen wurde. Regelmässige Bewilligungen der Steuerauflagen wurden nunmehr die Regel. Als der König Eduard III. im 22. Jahre seiner Regierung wegen des grossen Krieges um den Besitz der französischen Krone das volle Dreifache der bisherigen Auflage bewilligt erhielt, knüpften die Gemeinen daran die Bedingung, „dass künftig keine Auflage oder Zwangsanleihe oder sonst etwas derartiges auferlegt werde durch den Rat des Königs ohne Bewilligung und Zustimmung der Commons im Parlament und dass dies statutarisch ausgesprochen werde". Da der König darauf einging, so spricht man von diesem Parlamentsakt als dem eigentlichen „Statutum de tallagio".

[1] Eduard I., der nach der Ausfertigung dieser Bulle nur noch $1^1/_2$ Jahre lebte und mit der Wiedereroberung Schottlands beschäftigt war, machte von dieser Annullation Gebrauch, um die 1301 durchgeführten Beschränkungen seiner Forstrechte für ungültig zu erklären. Eine ausserordentliche Zahlung von Hilfsgeldern verschaffte ihm 1306 der Ritterschlag seines Sohnes Eduard.

emulos et hostes agente, nonnulli regni tui magnates et nobiles alieque persone tuo nomini inimice, ex eo oportunitate captata quod extra regnum ipsum occupabaris, in opposito emulorum, nisi eisdem quasdam concessiones varias et iniquas, forestas, aliaque jura ad coronam et honorem tui culminis spectantia ab antiquo, que etiam, priusquam a dicto regno secederes, a te importune petebant, fecisses, contra te conspiraverant, concitabant populos et scandala plurima seminabant, tuque, prudenter illorum machinationem advertens ac volens tunc currentis temporis evitare pericula, concessiones hujusmodi plus coactus quam voluntarius perfecisti; et tandem, in regnum tuum te postmodum revertente, licet nondum guerris sedatis eisdem, iidem magnates et alii concessiones hujusmodi per importunitatem et presumptuosam instantiam per te obtinuerunt etiam innovari, regalibus super hoc exhibitis litteris ut in omnes infrigentes concessiones prefatas bis annis singulis per omnes regni predicti cathedrales ecclesias excommunicationis sententia promulgaretur, sicut in eisdem litteris regio sigillo signatis plenius et seriosius continetur. Cum itaque sedes ipsa, que regnum prefatum diligit inter omnia regna mundi, et te ac ipsum gerit in visceribus caritatis, agnoscat concessiones easdem presumptas et factas in tui honoris dispendium et regalis excellentie detrimentum, concessiones easdem et vigorem ipsarum et quicquid per eas est quomodolibet subsecutum, ac etiam excommunicationum sententias que in eisdem ecclesiis vel alibi fuerunt pro illarum observatione forsitan promulgate vel etiam promulgande, auctoritate apostolica et de plenitudine potestatis, revocamus, anullamus, cassamus, cassas, nullas et irritas nuntiamus, litteras super illis confectas viribus vacuantes ac decernentens te et successores tuos Reges Anglie ad illarum observantiam de cetero non teneri, etiam si de observandis eisdem sacramentum forsitan prestitisses, presertim cum, quando coronationis tue snsceptisti sollempnia, de honore et juribus corone prefate servandis, sicut ex parte tua asseritur, prestiteris juramentum, aut si ad penas aliquas te propterea obligasses e quibus et reatu perjurii, siquem propterea incurristi, te etiam absolvimus; ad cautelam districtius inhibentes venerabilibus fratribus nostris archiepiscopis et episcopis ceterisque personis tam ecclesiasticis quam secularibus per regnum ipsum ubilibet constitutis, ne ipsi vel quivis ipsorum, (archiepiscopis et episcopis videlicet, sub pena suspentionis ab officiis et beneficiis, quam si per mensem substinuerint, sub excommunicationis, quam eos extunc necnon omnes et singulos alios incurrere illico volumus ipso facto) contra hujusmodi revocationis, anullationis, cassationis, irritationis et decreti nostri tenorem aliquid attentare presumant. Nos enim exnunc irritum decernimus et inane, si secus super hiis contigerit attentari. Per hoc autem non intendimus jus, siquod quibuscunque regnicolis dicti regni n premissis ante concessiones hujusmodi per te factas forsitan competebat, auferre. Nulli ergo omnino hominum liceat hanc paginam nostre revocationis, anullationis, cassationis, irritationis et constitutionis infringere, vel ei ausu temerario contra ire. Siquis autem hoc attentare presumpserit, indignationem omnipotentis Dei et beatorum Petri et Pauli, apostolorum ejus, se noverit incursurum. Datum Lugduni, iiij. kal Januar. Pontificatus nostri anno primo.

# GLOSSAR.

(Die Ziffern beziehen sich auf die Seiten.)

**aerea (aerie)**: Brutplatz für Adler oder sonstige Raubvögel 35.
**afforestare**: offenes Land zu Jagdgründen des Königs mit besonderer Jurisdiktion erklären. Die Aufhebung der dadurch geschaffenen Beschränkung hiess **de(s)afforestare.** 9. 14. 23. 24. 33. 34.
**agistare**: Wald oder Heide zur Viehfütterung verwenden 34.
**agistator**: Viehtreiber 34.
**aide, ayde**: Hilfsgeld, das die Vasallen ihrem Lehnsherrn bei besonderen Gelegenheiten, gewohnheitsmässig zur Beschaffung des Lösegeldes im Falle seiner Gefangenschaft, zur Bestreitung der Unkosten beim Ritterschlag seines ältesten Sohnes und bei der ersten Verheiratung seiner ältesten Tochter zu leisten hatten. (= auxilium) 51. 52.
**alleviare**: erleichtern 9.
**amerciare**: eine Geldstrafe auferlegen 10. 11. 20. 40.
**amerciamentnm**: Busse zur Wiedergewinnung der königlichen Gnade 24.
**appellum**: eine Kriminalklage anstrengen 24.
**assartum (essartum)**: Waldlichtung, Rodung 34.
**assisa (assize)**: Sitzung für gerichtliche oder verwaltungsrechtliche Zwecke. Übertragen „Rechtsverfahren", „Gerichtshof", „Rechtsbeschluss". Besondere Anwendungen: **assize de la forest** 51. **assisa de nova dissaisina** 10. 20. 39. **assisa de ultima praesentatione** 40.
**attachiare**: ergreifen von Personen oder Sachen 20. 22. 23. 35. 40. 42.
**attornare**: einen Stellvertreter bestimmen 27. 28.
**auxilium** s. **aide** 19.

**bajulare**: beauftragen 8.
**balistarius**: Armbrustschütze 14. 23.
**ballia (baillia)**: Amtsbezirk 23. 27.
**ballivus**: Unterbeamter, Exekutivorgan der Verwaltung 25. 27. 33.
**bancus**: Richtersitz 39. 40.
**bedellus**: Forstaufseher 34.
**boscus**: Gehölz 11. 21. 33. 34. 41.
**breve (= writ)**: Gerichtsverfügung 46. **breve inquisitionis de vita vel membris**: Anordnung persönlicher Rekognition 12. 21. **breve Praecipe**: königliche Verordnung an den Sheriff, um Prozesse an die Zentralgerichtshöfe zu ziehen 12. 21 41.
**burgagium**: Besitzform an Grundstücken innerhalb ummauerter Städte 12.

**cancellarius**: Chef des Schreibwesens am königlichen Hofe 46.
**capitalis justitiarius**: Stellvertreter des Königs bei seiner Abwesenheit 20. 22. 25. 39.
**caretta (careta)**: Arbeitswagen 11. 21. 36. 41.
**cariagium**: Wagenstellung 11. 21. 41.
**carruca**: Pflug 13. 18.
**carrucatus**: landwirtschaftlich bebaut 5. **„Carrucata"** ein Flurmass, kleiner als hida und größer als virgata.
**castra adulterina**: ohne Einverständnis des Königs gebaute Burgen 32.

**catallum** (pl. **catalla**): bewegliche Güter 10. 11. 19. 20. 21. 23. 39. 40.
**chiminagium**: Passiergeld für Wagen in königlichen Forsten 35. 36.
**colloquium**: Parlament 48.
**comitatus**: sowohl Grafschaft als Administrativbezirk als auch Grafschaftsversammlung 39. 42. 46. 48.
**commune consilium regni**: Reichsversammlung 12. 19.
**communia placita**: Prozesse, die vor die curia regis gezogen waren, ohne dass fiskalische Interessen dabei mitsprachen 10. 20. 39.
**communitas comitatus, civitatum, burgorum**: Einwohnerschaft einer Grafschaft, der Städte und Flecken 48.
**constabularius**: militärischer Beamter oder Gerichtsdiener auch in Grafschaften, Hundertschaften und Städten 11. 21. 40 (im „Dialogus de Scaccario" I, V C: miles gregarius quem constabularium dicimus).
**contenementum (continementum)**: Besitztum, das zum standesgemässen Unterhalt eines Lehnsmannes unentbehrlich ist 10. 14. 20. 40.
**cornare**: ein Horn blasen 35.
**coronator**: in einer Grafschaft mit der Untersuchung von Todesfällen und Körperverletzungen ehrenamtlich beauftragter Ritter 11. 40.
**costera**: Seeküste 41.
**cultellus**: Messer oder Dolch 22.
**custodia**: Vormundschaft 17. 38.

**de(s)afforestare** s. **afforestare.**
**disparagatio**: Verheiratung einer Frau mit einem Manne niederen Standes 18. 38.
**dissaisina nova**: letzte Enteignung 20. 39.
**disseisire**: enteignen 12. 14. 22. 23. 24. 42.
**dominica carruca**: dem Grundbesitzer gehöriger Pflug 5.
**dominicum manerium**: von Lehnspflichten freier Grundbesitz 20.
**dominicus**: nicht dem Lehnsverband angehörig 5.
**dominicus boscus**: Wald in Privatbesitz 35.

**emendatio**: Modifikation von Gesetzen 5.
**escomenger**: exkommunizieren 51.
**eskaeta**: Einziehung eines Lehens durch den Oberherrn. Auch das so eingezogene Lehnsgut 13. 22. 42.
**estoverium**: Feuerholz 39.
**exitus**: Ertrag oder Ausnutzung eines Besitztums 17. 18. 38.
**expeditatio canum**: Abhauen der Vorderklauen der Privateigentümern gehörenden Hunde im königlichen Jagdgebiet 34.

**felonia**: Verbrechen eines Vasallen gegen die dem Herrn schuldige Treue 11. 21. 41.
**feodi firma**: Ablösung der Lehnsgefälle durch feststehende jährliche Zahlungen 12. 41.
**feonatio**: Brunstzeit der Hirsche 34.
**finis**: Pauschalsumme, die dem Exchequer gezahlt wird, um die Beendigung eines Rechtsstreites oder die Befreiung von fiskalischen Belästigungen zu erlangen 13. 24. 38.
**firma comitatus, hundredi**: der Jahresbetrag der in einer Grafschaft oder Hundertschaft zu erwartenden Gefälle 11.
**foresta**: königlicher Bannwald 5. 9. 13. 14. 22. 23. 24. 28. 32. 54.
**forestarius**: königlicher Forstbeamter mit weitgehender Strafgewalt 27. 28. 32. 33.

**foresterius** 9 (= **forestarius**).
**forisfacere**: verwirken (eines Rechts) 5. 36.
**fossatum**: ein Graben 35.
**francus plegius**: Freibürgschaft der Nachbarn zur gegenseitigen Kontrolle 43.

**garba** (ags. „sceaf"): Garbe 34.
**gelda**: Staatssteuer 5.
**gravamen**: Härte 5. Unglücksfall 9.
**gravare**: bedrücken 26.
**gwerra**: Krieg 42.

**halbergettus**: Material zur Herstellung von Panzerhemden 21. **haubergettus** 41.
**herbagium**: Weiderecht 33.
**heyrinus**: Reiher 35.
**homagium**: lehnsrechtlicher Treuschwur 38.
**hundredum**: Hundertschaft als Unterabteilung der Grafschaft und Hundertschaftsversammlung 20. 42.

**inbreviare**: registrieren 40.
**ire super eum**: gewaltsam einschreiten gegen ihn 22.

**justitiarius**: Richter 20. 46 (vgl. capitalis justitiarius).

**kidellus (kydellus)**: ein Wasserwehr 12. 21. 41.

**laga (lagu)**: Recht 5.
**latitudo pannorum**: gesetzliche Breite der Gewebe 11.
**lista**: Webekante 21. 41.
**litterae patentes (lettre overte)**: allgemeine und daher unverschlossene königliche Ausschreiben 27. 40. 52.
**loi commune**: Gewohnheitsrecht 51.
**loquela**: Rechtsanspruch 12. 22. 41.
**lorica terra**: Land zur Kriegsausrüstung an Stelle von Sold 5.

**mala tolta (male toute)**: ungesetzlicher Zoll auf Wolle 12. 49. 52.
**marchia**: Grenzland 24.
**maritagium**: Einspruchsrecht des Oberherrn bei der Verheiratung der Witwen oder Töchter seiner Untergebenen. Auch Ablösungszahlung dafür 8. 10. 13. 18. 38.
**maritatio**: Recht und Übung der Heiratserlaubnis 4.
**marlera**: Mergelgrube 35.
**meremum (meremium)**: Bauholz 36.
**mes(u)agium**: Wohnhaus 38.
**misa (mise)**: Geldzahlung 51. 52.
**mittere super eum**: gewaltsam gegen jemand vorgehen lassen 12.
**molendinum**: Mühle 35. 38.
**monetagium**: Ablösung der dem König durch Münzänderung zufliessenden Schlagschatzeinnahmen 4.
**mors antecessoris (mort d'ancestre)**: Ausweis des Besitzrechtes eines Erben 10. 39.
**murdrum**: heimlicher Mord eines Nichtangelsachsen sowie der deshalb eingeleitete Strafprozess und die dem König vom Fundortsbezirke zu leistende Busse 5.

**obolus**: ein halber Penny 36.
**officialis**: Amtsperson 46.
**ortillus**: die Klaue am Fuss eines Hundes 34.

**pannagium**: das Recht, die eigenen Schweine im königlichen Forst zu mästen 34. 35.
**pecus**: Jagdwild 9.
**pelota**: Ballen am Fusse eines Hundes 34.
**peregrinatio**: Wallfahrt 24. 25.
**plegius (pleggius)**: Bürge für das Erscheinen eines andern vor Gericht 10. 13. 18. 33. 35. 36. 39.
**praesentatio**: Recht der Ernennung eines Geistlichen für eine Pfründe 35.
**prise**: Wegnahme eines Teiles der Güterladung (bes. von Wein) für den Gebrauch des Königs 52.
**purprestura**: Eindringen in fremden Besitz 34.

**quarterium**: Gewichtseinheit von 25 Pfund 21. 41.
**querela**: Beschwerde 24.
**quinta decima pars mobilium**: ein Fünfzehntel des abgeschätzten Wertes der beweglichen Güter als Abgabe 43.

**recognitio**: gerichtliche Feststellung auf Grund einer Aussage von zwölf vereidigten Männern 10. 39.
**reguardor**: ein offizieller Teilnehmer an der Visitation der Forsten 34.
**reguardum (reguarda)**: Visitation der Forsten 34.
**relevatio**: sowohl das Verfahren zur Auflassung des Erben gegen die dem Lehnsherrn schuldige Abgabe als auch diese Abgabe selbst 4.
**relevium**: Abgabe beim Mannfall 8. 9. 13. 17. 22. 37.
**riparia (rivaria)**: Flusslauf 14. 20. 23. 27. 28. 32.
**russetus (russettus)**: ordinärer Kleiderstoff 21. 41.
**ruttarius**: Söldner 14.

**saisire (seisire)**: in Besitz nehmen 10. 11. 18.
**scotale**: erzwungene Auflage bei Gelegenheit von Trinkgelagen 34.
**scutagium**: Schildgeld 9. 12. 19. 43.
**sequela**: Anhängerschaft 14.
**sequestrare**: fernhalten 45.
**sergantia (sergenteria)**: Landbesitz mit der Verpflichtung zu besonderem persönlichen Dienst für den Oberherrn 12. 22. 41.
**sigillatim**: einzeln 19.
**socagium (sokagium)**: Landbesitz mit bestimmten Verpflichtungen, besonders zum Erscheinen in der Gerichtsversammlung (soken) des Oberherrn 12. 21. 22. 41.
**speruarius**: Taubenhabicht 35.
**stagnum**: Teich 18. 35 38.
**„statutum de tallagio non concedendo"** s. Anmerkung S. 49 f.
**suanimotum (swainimotum)**: Versammlung der in einem königlichen Forst lebenden Männer, die Weidegerechtigkeit haben 34.
**sumagium**: Packlast (vgl. deutsches „Saumtier" und „Säumer") 36.

**ta(i)llagium**: Umlage auf bewegliche Güter 12. 13. 49.
**tenementum**: Besitztum unter Feudalrecht 12. 13. 14. 21. 40. 42.
**tethinga**: Freibürgschaftsbezirk 43.

**thesaurarius**: Schatzmeister des Königs 46.
**trethingius**: ein Drittel einer Grafschaft = dem späteren Riding 20.
**turnus vicecomitis**: die Umreise des Sheriffs zur Abhaltung von Lokalversammlungen 42.

**usurare**: Zinsen tragen 9. 13. 19.
**utlagare**: außerhalb des Schutzes der Gesetze stellen 12. 22. 36. 42.

**vadium**: Pfand 5.
**vastus**: Ödland 10. 18. 34. 38.
**venatio**: Jagdrecht auf Hochwild 35.
**viridarius**: Weidehüter im königlichen Forst 34. 35.
**viridis**: das Recht der Holznutzung im königlichen Forst 36.
**vivarium**: ein Fischteich 8. 18. 35. 38.

**wainnagium (wannagium, waynagium)**: Ausstattung des Bauern mit Pflug und Ackergerät 10. 13. 18. 20. 40.
**warantia**: Rechtsbefugnis 47.
**warantizare**: autorisieren 24. 25.
**warenn(i)a**: Hasengehege 23. 28. 32. 36.
**warennarius**: Aufseher eines Hasengeheges 23. 28. 32.
**werra**: Krieg 13.

# INHALTSÜBERSICHT



Frommannsche Buchdruckerei (Hermann Pohle) in Jena. — 5404

Kolibri 360 GmbH
Ferdinand-Jühlke-Straße 7
99095 Erfurt, Deutschland
produktsicherheit@kolibri360.de